KB075907

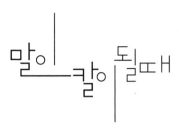

홍성수

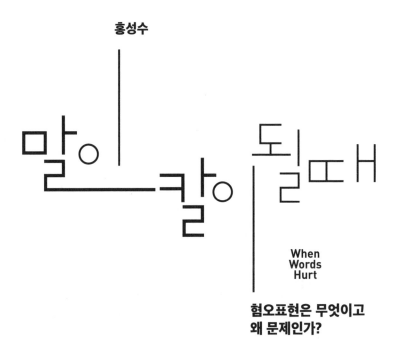

말이 칼이 될때

When
Words
Hurt

**혐오표현은 무엇이고
왜 문제인가?**

어크로스

지난 2012년, 〈표현의 자유를 위한 정책 제안 보고서〉에서 혐오표현에 관한 장의 집필에 참여하면서 처음 혐오표현과 인연을 맺게 되었다. 그때만 해도 그 인연이 2017년까지 이어질 거라고 생각하진 않았다. 흥미로운 주제라고 생각했지만 현실의 절박함에 대한 응답이었다기보다는 연구자의 지적 호기심에 가까웠다. 그런데 그 이후 상황이 급박하게 돌아갔다. 2013년에는 일베가 큰 사회문제로 떠올랐고, 2016년에는 강남역 여성 살해 사건 이후 여성혐오가 새로운 이슈가 되었다. 바야흐로 '혐오의 시대'가 도래한 것이다. 나도 자연스럽게 이 흐름에 소환될 수밖에 없었다. 본의 아니게 혐오표현에 관한 몇 안 되는 전문가가 되었기 때문이다. 매달 서너 번씩 혐오표현 특강에 불려 다녔고, 각종 자문과 언론 인터뷰 등에 셀 수 없이 응했다. 2016년에는 국가인권위원회의 혐오표현 실태조사 보고서 작성에 참여했다. 혐오표현에 관한 월드론의 역작을 번역하기도 했고, 연구 논문도 써냈다.

혐오표현 문제에 깊게 발을 담그면서 아는 게 많아지기도 했지만 한 사회의 시민으로서 나도 스스로 성장해갔다. 나는 한국의 다수자다. 정규직 남성 노동자이자 비장애인이고 이성애자다. 혐오표현의 문제를 머리로 관념화할 수는 있을지언정 마음으로 느끼고 받아들이는 건 쉽지 않았다. 더욱이 나는 표현의 자유에 관한 강한 신념을 가지고 있고 자유주의풍의 논의에 호감을 가지고 있다. 혐오표현의 해악에 관한 글을 읽을 때보다 '더 많은 표현으로 맞받아치자'는 미국식 자유주의의 주장에 낭만적인 흥미를 느끼곤 했다. 하지만 혐오표현을 연구하면서 소수자들의 이야기에 귀를 기울이게 되었고, 나의 생각도 조금씩 바뀌어갔다.

지금도 잊을 수 없는 몇 번의 순간이 있다. 애초에 나는 동성애에 반대한다거나 비판적이라는 '의견' 정도는 굳이 제한하지 않아도 괜찮다고 생각했다. 하지만 이러한 내 생각이 무엇이 문제인지 차분하게 설명해준 고마운 동료들이 있었다. 그들 덕분에 '말'이 차별의 현실과 만날 때 어떤 폭발력을 갖는지 조금씩 이해할 수 있었다. 인권단체에서 일하는 성소수자 당사자인 친구가 있다. 공개된 장소에서야 혐오에 맞서 싸우는 당당한 인권운동가지만, 그런 그도 뒤로 돌아서면 하염없이 눈물을 흘리곤 했다. 정체성을 송두리째 부정당한다는 것이 어떤 것인지, 그 눈물의 의미를 간접적으로나마 경험해볼 수 있었다. 강연장에서 만난 한 장애인은 장애인이 범죄를 저질렀을 때 달리는 댓글들("정신병자들은 다 가둬버려야 해")을 보고, 맞아 죽을까봐 두려워 한동안 집 밖에 나갈 수 없었다고 했다. 내가 강연을 한답시고 "한국에서 장애인혐오는 그렇게 심하지 않잖아요"라고 말한 직후였다. 2014년 서울시민인권헌장을 세정할 때 나는 전문위원이었고, 전 과정에 깊이 관여했다. 나는 순진하게도 헌장 제정이 시민참여의 한 마당이 되길 바랐지만 그 마당에서 '토론'을 빌미로 노골적인 혐오의 말들을 내뱉는 사람들이 있었다. 같은 '시민'으로서 초대된 성소수자들은 무방비상태에서 그 말들을 다 들어야 했다. 행사를 기획한 책임자의 한 사람으로서 고개를 들 수 없었다. 그 현장을 지켜보면서 '표현의 자유'라는 말을 꺼낼 염치는 없었다.

그렇게 조금씩 나는 혐오표현의 문제를 이해해갈 수 있었다. 닥치는 대로 관련 문헌을 섭렵해나갔다. 한국어와 영어로 된 혐오표현 문헌 중 내가 대충이라도 읽지 않은 것은 거의 없을 것이다. 거리를 걷다가, 샤워를 하다가도 생각나는 아이디어가 있으면 노트에, 스마트폰에 빼곡히 적어두었다. 인터넷에서의 논쟁은 무익하다고 생각하는 편이지만, 혐오표현 문제에 대해서만큼은 '키보드 워리어'를 자처했다. 내 논리의 허점이 무엇인지 알기 위해서였다.

혐오표현 연구자들은 혐오표현을 "영혼의 살인"(야스코), "말의 폭력"(Matsuda), "따귀를 때린 것"(Lawrence III)에 비유하곤 한다. 이 책의 제목을 "말이 칼이 될 때"라고 지은 것도 그런 이유다. 왜 혐오표현이라는 말이 칼이 되고 폭력이 되고 영혼을 죽이는 일이 될 수 있는지, 독자들이 그 이유에 조금이라도 더 공감할 수 있다면 이 책을 쓴 보람을 느낄 수 있을 것 같다. 내가 치열하게 경험하고 고민했던 그 과정을 독자들과 함께 나누고 싶다. 나의 연구 계획에 없었던 이 대중서, 중고등학생도 충분히 읽을 수 있는 책을 군이 출간하게 된 이유이기도 하다.

책을 마무리하며 감사를 드려야 할 이름이 떠오른다. 무엇보다 어크로스 출판사의 김형보 대표님과 담당 편집자인 강태영 선생님께 감사드린다. 세월아 네월아 늦어지는 원고를 인내심 있게 기다려주었고, 이렇게 멋진 책으로 다듬어주셨다. 나를 학문의 길로 인도해주신 은사 이상돈 선생님께 감사드린다. 어떻게 공부하고 읽고 써야 할지의 대부분은 선생님께 배웠다. 아들이 하는 일이라면 언제나 관심을 가져주시고 지지해주시는 아버지와 어머니, 늘 따뜻하게 사위를 격려해주시는 장인어른, 장모님께 감사드린다. 아내와는 같은 해에 사회생활을 시작했고, 그다음 해에 결혼을 해서 아들 둘을 낳고 함께 살아가고 있다. 대단한 사람은 아니어도 책임감 있는 사회인이 되기 위해 늘 서로를 격려하고 견제한다. 그렇게 동료이자 가족이자 친구로서 함께 나이가 들고 있어 행복하고 감사하다는 말을 전하고 싶다. 숙대 학부생 황지수, 나수빈, 대학원생 문유진, 최윤진, 고려대 학부생 이소윤, 그리고 혐오표현을 연구하는 동료인 유민석 선생(서울시립대 박사 과정) 등이 초고를 읽고 귀중한 조언을 해줬다. 감사의 말씀을 전한다. 추천사를 써주신, 존경하는 선배 인권학자 조효제 선생님과 표현의 자유 연대 활동을 같이했던 박주민 의원님께도 감사드린다. 그리고 '말'이 '칼'이 된다는 사실을 알게 되는 과정에서 함께했던, 인권활동가들, 소수자 당사자들, 동료 연구자들, SNS 친구들, 강의 수강생들에게 감사드린다. 이 책은 그들과의 공동 작품이나 다름없다.

2017년 12월
홍성수

차 례

When Words Hurt

'여성혐오(여혐)'는 지난 1, 2년간 한국 사회에서 가장 화제가 되었던 키워드 중 하나였다. 여성혐오라는 말이 통용되기 시작한 것은 2010년 일베(일간베스트게시판)가 사회문제로 부각되면서부터지만, 본격적으로 회자되기 시작된 것은 2016년 강남역 여성 살해 사건 이후라고 할 수 있다.

한편 지금으로부터 4년 전인 2013년을 강타한 키워드는 일베라는 인터넷 커뮤니티였다. 일베는 기본적으로 유머 커뮤니티지만 그 놀이의 대상이 민주화운동 세력이나 여성, 이주자 등 소수자라는 것이 문제였다. 특히 일베의 5·18민주화운동에 대한 왜곡, 폄하가 정치적 이슈로 떠오르자 당시 야당(현재의 더불어민주당)은 일베폐쇄론 등 적극적인 대응책 마련에 나섰다. 정치권에서 일베의 '표현'을 법으로 규제하자는 논의가 제기되었고 방송통신심의위원회의 행정심의, 사이트 폐쇄 가처분 신청, 모욕죄·명예훼손죄 고발 등의 법적 조치들이 검토되었다.

국회에서는 이에 대응하여 '반인륜 범죄 및 민주화운동을 부인하는 행위의 처벌에 관한 법률안'과 '혐오죄법안'이 발의되었다. 일베에 대해서는 형사처벌이나 사이트 폐쇄 같은 제재가, 여성혐오에 대해서는 방송 출연이나 공개 전시 금지, 공직자 자격 박탈 등의 규제 방안들이 주로 제시되었다. 불편하고 부적절하고, 심지어 해악적인 이 표현들을 어떻게 '규제'할 것인지가 문제의 핵심이었다.

문제는 일베건 여성혐오건 그들이 오프라인에서 '행동'하는 것은 아니라는 점이었다. 만약 일베가 인터넷에 게시물을 올리는 것에 머물지 않고 테러를 가했다거나, 여성혐오'표현'을 넘어 여성에게 물리적 폭력을 가했다면 문제는 복잡할 게 없다. 그런 행동을 정당화하는 사람은 없을 것이고 현행법상 명백한 불법이기 때문이다. 하지만 '표현'은 다르다. 표현의 자유는 인간의 보편적인 권리이자 우리 헌법이 보장하는 중요한 기본권이다. 표현은 사람마다 그 해악을 느끼는 정도가 각기 다르고 사회의 자정 능력에 의해 그 해악이 치유될 수도 있다. 그래서 표현에 대한 개입은 항상 신중해야 한다. 일베나 여성혐오가 문제라는 점에 동의하더라도 그것이 표현에 머물러 있는 한은 쉽게 규제 카드를 꺼내들 수 없다는 것이다.

혐오표현과 표현의 자유

이명박 정부 출범 이후 촛불시위 진압, 국가의 대시민 소송 증가, 명예훼손죄 · 모욕죄 남용, 인터넷 행정심의, 교사 · 공무원 시국선언, 선거 기간 중 허위 사실 유포, 게임 · 가요 · 영화 심의 등의 문제가 동

말이 칼이 될 때

시다발적으로 터져 나왔다. 소비자 불매운동을 벌인 사람들, 정부 정책을 비판한 사람들, 심지어 국가홍보물에 낙서한 사람까지 법정에 서야 했다. 표현의 자유가 위기에 빠진 것이다.

이에 대응하여 2012년 인권 시민 사회단체들은 '표현의 자유를 위한 연대'를 결성하고, 이듬해에는 〈표현의 자유를 위한 정책 제안 보고서〉를 발간했다. 이 보고서에는 국가보안법, 명예훼손죄와 모욕죄, 청소년 보호와 매체 심의, 방송, 인터넷, 영화, 공직선거법 등 총 23개 분야에 걸쳐 표현의 자유에 관한 입법 · 정책 과제가 담겨 있었다. '표현의 자유'라는 키워드로 얼마나 많은 문제를 포괄할 수 있는지를 보여주는 장면이었다.

한편에서는 이렇게 표현의 자유가 독자적인 의제로 떠올랐지만 2013년부터는 일베의 '표현'물을 규제하자는 목소리가 터져 나왔다. 〈표현의 자유를 위한 정책 제안 보고서〉에는 일베가 이슈화될 것을 예견한 듯, "차별에 근거한 '혐오적 표현'에 대한 규제"를 다룬 부분이 있었다. 보고서는 전체적으로 '더 많은 표현의 자유'를 제안했지만, 이 부분에서는 표현에 대한 '규제'가 제안되었던 것이다.

나는 우연한 기회에 몇몇 인권활동가들과 함께 이 부분의 집필을 맡게 되었다. 표현의 자유를 옹호하고자 참여했는데 하필 이런 주제를 맡게 되었으니, 처음에는 썩 마음에 들지 않았다. 하지만 막상 쟁점을 검토하고 토론을 해보니, 이건 실로 엄청난 주제였다. 표현의 자유 일반론, 명예훼손 · 모욕죄 문제, 역사부정죄, 차별 문제, 증오범죄, 제노사이드, 홀로코스트 등 다양한 쟁점들이 이 '혐오표현'이라는 주제에 포괄될 수 있었다. 파고들수록 새로운 쟁점들과 고민거리들이

끝도 없이 나왔다. 그렇게 나와 혐오표현과의 인연은 시작되었다.

진보와 보수의 뒤엉킨 입장

일베와 여혐 논쟁을 거치면서 표현의 자유를 옹호하는 '진보'와 표현의 자유 규제를 주장하는 '보수'라는 이분법이 점차 붕괴되었다. 민주화 시기에는 표현의 자유를 억압하는 국가에 맞서 표현의 자유를 확대하려고 노력하는 것이 진보였으나, 일베나 여혐과 관련해서는 표현의 자유를 제한하자고 목소리를 높인 쪽이 진보였다.

사실 진보는 표현의 자유를 옹호하는 입장에 서는 것이 일반적이다. 명백·현존 위험의 법칙, 사상의 자유시장론, 내용 규제 금지 원칙 등을 내세우며 표현의 자유를 열렬히 옹호하고, 설사 비윤리적이고 해악적인 내용이 있더라도 자율적 해결에 맡겨야 한다는 것이 진보의 입장이다. 그런 진보가 일베나 여혐에 대해서만큼은 규제해야 한다고 나선 것이다.

하지만 일베나 여혐이 구체적으로 어떤 사회적 위험을 창출하고 있는지, 왜 그것들은 시민사회의 자율적 해결에 맡길 수 없는지 등에 관한 세밀한 논거가 제시된 것은 아니었다. 그런 상태에서 반인륜범죄나 민주화운동 부인을 금지하는 법안, 혐오죄와 증오범죄 법안도 발의되었다. 법안의 내용이 충실할 리 없었다.

한편 보수에서도 언제부턴가 '표현의 자유'를 이야기하기 시작했다. 요즘은 반동성애 세력들도 표현의 자유를 들먹인다.[1] 그들은 "동

　　　　　　　　　　　　　　　　　　말이 칼이 될 때

성애자들에게 비판의 자유가 있듯 타인에게도 똑같이 자신이 생각하는 윤리·도덕적 기준에 따라 동성애자를 비판할 수 있는 권리가 있다"[2]거나, "상대방이 기분 나빠지는 것을 다 보호해준다면 모든 표현의 자유가 막히고 말 것"[3]이라고 말한다. 나쁘게만 볼 수 없다. 만약 한국의 보수가 표현의 자유의 가치에 눈을 뜬다면 실보다 득이 더 클 것이다. 그들이 '일관되게' 표현의 자유를 옹호한다면 말이다.

하지만 실상은 그렇지 않았다. 최근 몇 년 동안 한국의 보수는 통합진보당 위헌정당 사건, 이석기 내란선동 사건, 태극기 소각 사건, 종북콘서트 사건, 박정근 트윗글, 코리아연대, 노동자의 책 등 표현의 자유와 관련된 일련의 이슈에서 '엄벌론'을 주장했다. 종북 세력 척결을 내세우며 신新공안정국을 조성하기도 했다. 그들은 편의에 따라 표현의 자유를 소환했을 뿐이었다.

여혐과 관련해서는 구도가 좀 더 복잡하다. 여혐 규제 논의를 다룬 기사에는 늘 '여성이 오히려 이 시대의 기득권이다', '남성차별이 더 심각하다'라고 말할 '자유'가 있다는 댓글이 달린다. 이 논쟁은 단순히 진보·보수 구도로 이해되기 어렵다. 일베 문제에선 진보와 보수가 뒤바뀐 상황이 연출되었다면 여혐 문제에서는 진보·보수의 구도 자체가 형성되지 않는다. 여혐에 대한 비판에 반발하여 나타난 '진보' 주간지 〈시사IN〉 절독 사태[4]와 '진보' 정당인 정의당 탈당 사태[5] 등이 대표적인 사례다. 모든 차별에 반대하고 소수자의 권리가 옹호되어야 한다고 주장하지만 여혐을 과도하게 문제 삼는 것에 비판적인 진보주의자도 있다. 표현의 자유에 관해서는 진보와 보수의 입장이 바뀌고 뒤엉켜 있는 셈이다.

위기에 처한 표현의 자유

이로써 표현의 자유에 대한 전통적인 전선은 무너졌다. 표현의 자유가 진보를 상징하고 표현의 자유에 대한 제한·억제가 보수를 상징하는 시대가 끝난 것이다. 한편으로는 바람직한 일이다. 역사적으로 표현의 자유는 구체제 타파와 소수자의 저항이라는 차원에서 등장한 이슈이긴 하지만 그 자체로 강한 보편성을 가진 의제다. 이 보편적 의제에 진보와 보수가 합의점을 찾을 수만 있다면 환영해야 할 일이다.

하지만 한국 사회의 논의 현실은 그리 녹록지 않다. 치밀한 논거 없이 민주화운동을 왜곡하는 발언을 처벌하겠다는 진보나 편의적으로 표현의 자유를 치켜세웠다 버렸다 하는 보수 사이에서 표현의 자유가 제 갈 길을 찾기는 어려워 보인다. 더 큰 문제는 자칫 이 논의가 표현의 자유를 전반적으로 악화시키는 쪽으로 귀결될 수 있다는 점이다. '서로 표현의 자유를 존중하자'가 아니라 '상대편의 표현을 규제하겠다'는 목소리가 커지고 이러한 주장이 경쟁적으로 포퓰리즘적 입법을 하는 의회로 집결되면 전반적 규제 확대로 귀결될 수도 있다. 그건 정말 최악의 상황이다.

이 논쟁을 이렇게 방치할 수는 없다. 여전히 표현의 자유는 중요한 의제이기 때문이다. 표현의 자유는 권리 중의 권리라고 해도 과언이 아니다. 자신의 생각을 말하는 것이야말로 모든 권리 주장의 출발점이다. 부당노동과 저임금으로 고통받는 노동자, 부당한 차별에 시달리는 이주자, 고속버스 탈 권리조차 보장받지 못하는 장애인, 마땅

말이 칼이 될 때

한 일자리를 찾지 못하는 청년……. 이들이 자신의 권리를 보장받기 위해 가장 먼저 할 수 있는 일은 '자신의 처지를 말하고 권리를 주장하는 것'이다. 표현의 자유 없이 다른 권리의 보장을 기대하기 어려운 이유다.

표현의 자유는 자신의 정당한 권리를 찾고자 하는 모든 이들의 문제, 특히 소수자의 문제다. 그래서 표현의 자유에 관한 논란이 '자유 확대'가 아니라 '자유 축소'로 귀결되어서는 안 되는 것이다. 설사 '아주 공평하게' 진보와 보수, 강자와 약자, 좌파와 우파의 표현의 자유를 모두 축소하는 방향으로 흘러간다고 해도 마찬가지다. 서로 하고 싶은 말을 제약받는 정도가 커질수록 이득을 보는 쪽은 강자다. 서로 할 말을 못 하는 상황은 '현상 유지'를 바라는 강자의 입장에서 그리 나쁘지 않다. 반면 소수자의 입장은 정확히 그 반대다. 소수자에게는 더 많은 표현의 자유가 보장되어야 한다. 그래야 현재의 부당한 현실을 바꿀 수 있고 그들의 권리가 보장될 수 있기 때문이다.

문제는 혐오표현이다

이 난맥상을 풀 수 있는 키워드가 바로 '혐오표현'이다. 여전히 표현의 자유는 옹호되어야 하지만 동시에 혐오표현을 적절히 규제하는 것도 우리의 과제가 되었다. 딜레마처럼 보이는 이 과제를 풀려면 일단 규제되어야 하는 혐오표현이 무엇인지 정교하게 개념화하는 것이 필요하다.

규제해야 할 나쁜 표현이 있다고 해서 망치를 들고 휘두르려고 들면 안 된다. 일베를 잡겠다고 국가에게 망치를 쥐여주면 국가는 그 망치를 일베에게'만' 휘두르지는 않을 것이다. 일베에게 휘두르다가 엉뚱하게 다른 표현물이 얻어맞을 수도 있다. 비유하자면 혐오표현의 문제에 접근할 때는 망치보다는 메스가 제격이다. 문제가 되는 지점을 정확하게 짚어내 정교하게 도려내야 한다. 그래야 표현의 자유와 충돌하지 않으면서 문제를 제거할 수 있고, 부작용도 줄일 수 있으며, 사회적 합의를 도출하기에도 유리하다.

망치보다 메스가 낫긴 하지만 모든 질병에 수술이 필요한 것은 아니듯, 혐오표현도 금지하고 규제하는 것만이 능사는 아니다. 혐오표현을 낳는 근본 원인을 제거하고 사회의 내성을 키우는 것 역시 중요한 과제다. 이를 위해서는 개인적 실천도 필요하고 범사회적인 대응도 필요하고 범국가적 차원의 법적, 제도적 조치도 필요하다. 문제가 복잡한 만큼 해법도 간단치는 않다. 쉽지 않지만, 이 복잡한 문제를 하나하나 분석하고 체계적이고 전략적인 해법을 제시하는 것이 책의 목표다.

1장

혐오표현은
무엇이고
왜 문제인가

"여자를 좋아하는데 왜 여성혐오죠?"

A: MBC는 동성애와 근친상간을 조장하는 막장 드라마 제작을 즉
각 중단하라.[1]

B: 이건 혐오표현입니다. 동성애에 대한 혐오표현을 중단하십시오.

A: 혐오라니요. 저희는 동성애자를 사랑합니다. 성적 쾌락에 중독
된 동성애자들이 회개하고 치료받기를 진심으로 바랄 뿐입니다.

B: 동성애를 치료 대상이라고 말하는 것 자체가 문제라고요.

이 동문서답이 혐오표현에 대한 난맥상을 잘 보여준다. 혐오표현
이 회자된 지 수년이 지났지만 혐오표현에 대한 논란은 여전히 현재
진행형이다. 여러 가지 이유가 있겠지만 '혐오'라는 개념도 한몫을 하
고 있는 듯하다. 실제로 혐오에 대한 대중의 이해는 천차만별이다. 특
히 '여성혐오'가 쟁점이 되었을 때 그 논란이 극에 달했다. 한편에서
는 여성혐오가 새로운 여성차별 반대운동의 개념적 거점이 되었지만

다른 한편에서는 "난 여성을 '사랑'하는데 왜 여성'혐오'냐"고 불만을 제기하거나, '된장녀'나 '김치녀' 같은 표현에까지 혐오의 딱지를 붙이는 것에 비판적인 사람들이 있었다.

무엇이 혐오표현인가

사전적 의미로 혐오는 매우 싫어하고 미워한다는 뜻이다. 한국어에서 혐오는 '혐오시설', '혐오식품'처럼 시설이나 음식을 수식하는 말로 주로 쓰여왔다. 혐오표현은 '헤이트 스피치hate speech'를 번역한 말인데, 영어에서 '헤이트'도 극도의 싫음, 역겨움, 적대감을 뜻한다. 헤이트나 혐오 모두 상당히 강한 뉘앙스를 가지고 있다고 할 수 있다. 그런데 혐오표현에서의 혐오는 이러한 일상적 의미와는 조금 다르다. 여기서 혐오는 그냥 감정적으로 싫은 것을 넘어서 어떤 집단에 속하는 사람들의 고유한 정체성을 부정하거나 차별하고 배제하려는 태도를 뜻한다.

예를 하나 들어보자. 파란 옷을 입은 친구를 보고 "난 파란 옷이 싫다"라고 하면 어떨까? 예의에 어긋난 말일 수는 있겠지만 그 이상도 이하도 아니다. 그냥 무시해버리거나, "야, 너나 잘 입고 다녀"라고 쏘아붙이면 된다. 그런데 차도르를 쓴 친구를 보고 "난 차도르가 싫어"라고 말하면 어떨까? 차도르는 무슬림 여성의 복장이다. 무슬림이 소수자로서 차별받고 있는 상황에서 "차도르가 싫다"는 말이 가볍게 들릴 수 없다. 감정적으로 또는 이유 없이 차도르가 싫을 수 있지만 그

감정이 발화되는 순간 무슬림을 차별하거나 배제하는 효과를 낳을 수 있다.

혐오표현의 수위는 다양하다. 일본의 반한시위대가 한국인 밀집 지역에서 "착한 한국인도, 나쁜 한국인도 다 죽여라", "바퀴벌레 조선 인을 몰아내자!"[2]라고 외친 것을 두고 혐오표현이라고 부르는 것에는 별 이견이 없을 것이다. 한국인에 대한 혐오를 표명했을 뿐만 아니라, 그들을 사회에서 배제하고 몰아내고자 하는 의도가 명백히 담겨 있 기 때문이다.

그런데 좀 더 낮은 수위의 차별적 언사들도 있다. "여대생들은 매 일 스마트폰으로 예쁜 옷이나 구경한다. 그래서 불행한 거다."[3] 한 대 학 교수가 강의실에서 학생들에게 한 말이다. 요즘은 이런 말들도 여 성 '혐오'로 간주된다. 설사 여학생들이 걱정되어 한 말이라고 해도 여 전히 문제다. 이 말은 그 의도와 무관하게 여대생에 대한 부정적인 이 미지를 고착화시키고 여성을 무시하거나 열등한 존재로 보고 차별하 는 것으로 이어진다. 그런 말들이 자꾸 발화될수록 그런 이미지가 더 욱 강화되어 사실로 둔갑하고, 이것이 다시 차별을 낳게 되는 것이다. 이런 낮은 수위의 혐오표현이 '죽여라', '몰아내자' 같은 말 못지않게 해악이 있다면 역시 혐오표현이라 불릴 수 있다.

여성혐오로 번역되는 말 중에는 '미소지니misogyny'라는 용어도 있 다. 미소지니는 혐오표현이 이슈로 등장하기 훨씬 이전부터 존재했 던 것으로서 역사적 뿌리가 훨씬 더 깊다. 우에노 치즈코의 정의에 따 르면, 미소지니는 "여성을 남성과 동등한 성적 주체로 결코 인정하지 않는, 여성의 객체화, 타자화, 더 직설적으로 말하면 여성 멸시"를 뜻한다.[4] 즉 미소지니는 비교적 넓은 범위의 여성차별을 뜻하는데, 이를 '여성혐오'로 옮기는 것이 일반적이다. 이미 '혐오' 또는 '혐오표현'이 차별을 조장하는 말로서 꽤 넓은 의미로 사용되고 있는 것이다.

한편, 헤이트 스피치에서 스피치는 언론, 발언, 연설, 의사표시 등으로 번역되어왔다. 스피치는 말이나 글만을 뜻하는 것이 아니라 어떤 상징물에 의한 의사표시(예컨대 나치 문양), 복장(예컨대 KKK단이 하얀 옷을 입고 시위를 벌이는 것), 퍼포먼스(예컨대 십자가 소각) 등을 포함한다. 그렇다면 스피치는 '표현'이라고 옮기는 것이 적절하다. 그동안 '프리덤 오브 스피치freedom of speech'를 거의 일관되게 '표현의 자유'라고 번역해왔다는 점도 참고가 될 수 있다.

차별

국제 사회에서 통용되는 혐오표현에 대한 개념 정의는 아래와 같다.

개념 1. "차별, 적의 또는 폭력의 선동이 될 민족적, 인종적 또는 종교적 증오의 고취"
    - 시민적 및 정치적 권리에 관한 국제규약(자유권 규약)[5] 20조 2항
개념 2. "반유대주의, 제노포비아, 인종적 증오를 확산시키거나 선동하거나 고취하거나 정당화하는 모든 형태의 표현 또는 소수자, 이주자, 이주 기원을 가진 사람들에 대한 공격적인 민족주의, 자민족중심주의ethnocentrism, 차별, 적대 등에 의해

표현되는 불관용에 근거한 다른 형태의 증오"

      – 유럽평의회 각료회의의 혐오표현에 관한 권고[6]

여기서 우리는 혐오표현이 '차별'과 밀접하게 연관되어 있다는 것을 쉽게 눈치챌 수 있다. 자유권규약은 차별, 적의, 폭력 등을, '유럽평의회 권고'는 민족주의, 자민족중심주의, 차별, 적대 등을 나란히 혐오표현의 개념 요소로 사용하고 있다. 혐오표현은 소수자를 사회에서 배제하고 차별하는 효과를 낳는다. 성소수자라는 이유로 승진시험에서 탈락시키는 것도 차별이지만, 회사 내에서 성소수자에 대한 혐오표현을 하는 것 역시 차별과 다름없다. 혐오표현 자체가 성소수자에게 정신적 고통을 줄 뿐만 아니라 차별로 직결되는 '다리' 역할을 하기 때문이다. 그래서 표현과 행위는 이분법적으로 분리될 수 없으며, 표현이 곧 차별의 "사회 현실을 구성"한다고 말하기도 하는 것이다.[7]

소수자

개념 1과 개념 2에서는 혐오표현이 '소수자'를 대상으로 한다는 점도 알 수 있다. 소수자는 역사적으로 불평등한 대우를 받아왔고 현재도 사회에서 불이익을 받고 있는 집단으로서 인종, 성별, 장애, 성적 지향 등 고유의 특성을 함께 가지고 있는 집단 또는 그 집단에 속한 개인을 뜻한다.[8] 개념 1에서 민족, 인종, 종교라는 중립적인 표현이 사용되고 있지만 이 규정의 취지는 소수민족, 소수인종, 소수종교를 혐오표현으로부터 보호하는 것이며, 개념 2에서는 직접적으로 소수자에 대한 증오의 확산, 고취 등을 혐오표현으로 정의하고 있다.

앞에서 예로 들었던 "바퀴벌레 조선인을 몰아내자"라는 말이 한국의 한 대학에 대자보로 붙었다면 어떨까? 썩 기분 좋은 말은 아니지만 해프닝에 그칠 가능성이 크다. 한국인들에게 큰 고통이나 두려움을 주는 것도 아니고, 더 큰 사태로 비화될 가능성도 별로 없다. 그런데 똑같은 내용의 대자보가 일본의 한 대학에 붙었다면 얘기가 완전히 달라진다. 일본에서는 최근 몇 년 동안 반한감정이 고조되어왔고 반한시위대가 거리를 활보하기도 했다. 대자보는 전혀 다른 맥락에 놓인 것이고, 따라서 전혀 다른 효과를 낳게 된다. 그 대학을 다니는 한국인 학생들은 극도의 공포와 불안감을 느낄 것이다. 익명으로 붙었지만 누군가가 자신에 대해 그렇게 생각하고 있을 것을 생각하면 소름이 끼칠 것이다. 일본인 친구들이 구석에서 쑥덕거리기라도 하면 내 얘기를 하고 있는 것 같아 신경 쓰이고, 모르는 친구에게 말을 건넬 때도 자신이 한국인임을 들킬까봐 발음 하나하나를 조심하게 될 것이다. 그러다가 한국 학생이 이유 없이 폭행당했다는 소식이 들려온다면 그 대학을 더 이상 다니기 힘들게 될지도 모른다.

이렇게 대자보가 붙은 장소에 따라 그 의미가 달라지는 이유를 찾는 건 어렵지 않다. 한국에서는 한국인이 소수자가 아닌데, 일본에서는 한국인이 소수자이기 때문이다. 유럽평의회의 혐오표현 개념에서 언급되는 반유대주의, 제노포비아, 민족주의 등은 소수자에 대한 차별이 이데올로기화되어 있고, 오랜 기간 전승되어온 것임을 말해준다.《인종차별의 역사》라는 책은 터무니없어 보이는 인종차별 의식이 통념이자 사상이 되는 과정을 잘 보여준다.[9] 사람들이 태어날 때부터 소수자에 대한 차별의식을 가지고 있을 리는 없다. 대개는 자신이 속한 공동체에서 자연스럽게 학습된다. "번식 방식을 보면 여성은 태생적으로 종속된 존재다"(아리스토텔레스), "카고는 나병환자의 후손으로서 나병 보유자다", "아리아인이 인종적으로 표준이다"(고비노와 골턴)라는 식의 그럴듯한 설명이 붙으면서 그것은 어느 순간 사실로 둔갑한다. 별 근거가 없어도 반복해서 듣다 보면, 사실로 받아들이게 된다는 것이다. 실제로 그리스 · 로마시대부터 현대까지 수많은 이데올로기들이 인종차별을 정당화해왔고 여기에 종교, 문화, 과학, 사상(사이비 합리주의, 낭만주의적 게르만주의) 등의 이론적 자원이 계속 공급되면서 더욱 확대 재생산되어왔다. 그런 식으로 오랜 기간 인종차별은 통념이 되고 이데올로기화되면서 단단한 '사상적 배경'이 되었다. 인종 소수자를 향해 발화된 혐오표현은 이러한 차별적 사상과 이념을 강화하는 기제로 작동한다.

혐오표현의 대상은 소수자 집단일 수도 있고, 소수자 집단의 개별 구성원들일 수도 있다. 여기서 소수자minorities 또는 소수자 집단minority group이란 실질적인 정치 · 사회적 권력이 열세이면서 공통의 정체성을 가진 집단을 뜻한다. 각국의 차별금지법은 성, 인종, 민족, 성적 지향, 장애 등의 속성을 이유로 한 차별을 금지하는데, 이러한 속성을 가진 개인이나 집단을 소수자라고 한다. 즉 여성, 소수인종, 소수민족, 동성애자, 장애인 등이 소수자에 해당된다. 같은 취지로 국가인권위원회 연구보고서는 혐오표현을 "어떤 개인, 집단에 대하여 그들이 사회적 소수자로서의 속성을 가졌다는 이유로 그들을 차별 · 혐오하거나 차별, 적의, 폭력을 선동하는 표현"이라고 규정하기도 했다.[10] 이렇게 혐오표현의 대상이 된 집단을 '표적집단target group'이라고 부르기도 한다.

혐오표현은 이들 소수자 가운데 누군가를 개별적으로 지칭하거나 소수자 일반을 지칭함으로써 성립한다. 즉 특정인 A를 향해 "너희 나라로 가라"고 해도 혐오표현이 성립할 수 있고, 특정 인종을 일반적으로 지칭하여 "유색인종들은 자기 나라로 가라"고 해도 혐오표현이 될 수 있다. 누군가를 지칭한 경우에는 기존의 명예훼손죄와 모욕죄로 처벌될 수 있지만, 개인이나 단체가 특정되지 않은 경우에는 법적 공백이 생긴다. 혐오표현금지법hate speech law은 바로 이 지점에 개입한다. 특정되지 않았더라도 소수자 집단을 대상으로 발화된 혐오표현을 금지하고 처벌하는 것이다. 그래서 혐오표현금지법은 집단 명예훼손죄, 집단 모욕죄의 성격을 갖고 있는 것으로 여겨지기도 한다.

표현

당연한 얘기지만, 편견이나 혐오가 마음속에 담겨 있을 때는 규제 대상이 될 수 없다. 오로지 그 혐오가 밖으로 드러날 때 문제가 된다. 혐오를 드러내는 방식은 다양하다. 말로 할 수도 있고, 글로 쓸 수도 있고, 상징으로 표시할 수도 있다. 방송을 할 수도 있고, 출판을 할 수도 있고, 온라인 커뮤니티에 글을 게시할 수도 있다. 표현 방식도 다양하다. 단순히 부정적인 의견을 표시하는 것부터 소수자를 모욕 · 조롱·위협하거나 청중들에게 소수자에 대한 차별, 적대, 폭력을 정당화 또는 고취·선동하는 것까지 다양한 형태가 있다.

여러 표현 방식 중 가장 해악이 크다고 간주되어온 것은 '선동incitement'이다.[11] 대중들에게 차별과 적대를 선동하여 구체적인 행동이 촉발될 가능성이 농후하다면 선제적인 개입이 불가피하다. 자유권규약은 사실상 혐오의 선동, 고취를 금지 대상으로 규정하고 있으며, 개별 국가의 혐오표현금지법도 대개 이 선동형 혐오표현을 주된 규제 대상으로 삼고 있다. 반면 유럽평의회 권고처럼 선동, 고취뿐만 아니라 확산과 정당화 등도 혐오표현의 개념에 포함시켜 혐오표현을 광범위하게 정의하는 경우도 있다. 정리해보자면, 혐오표현이란 "소수자에 대한 편견 또는 차별을 확산시키거나 조장하는 행위 또는 어떤 개인, 집단에 대해 그들이 소수자로서의 속성을 가졌다는 이유로 멸시·모욕·위협하거나 그들에 대한 차별, 적의, 폭력을 선동하는 표현" 정도로 그 개념을 정의해볼 수 있다.[12]

혐오표현이라는 용어를 쓰는 이유

혐오표현을 위와 같이 정의한다면 이는 다양한 수위의 혐오표현을 포괄하는 것이며, 혐오표현 개념을 '광의廣義'로 사용하는 셈이 된다. 여기서 여러 형태의 혐오표현이 서로 연결되어 있다는 점에 주목해보자.

여성을 열등한 존재로 본나넌 여성이 싱능한 대우를 받는 것이 부당해 보일 것이다. 부당하다고 생각되면 화가 나기도 하고, 어떤 계기에 의해 화가 폭력을 부를 수도 있다. 열등하다고 생각되는 존재의 의사를 존중할 리 없으니, 여성을 성적 대상으로만 보거나 남성의 결정을 따라야 하는 종속적인 존재로 보게 된다. 이러한 생각이 결별을 선언한 애인을 끝까지 쫓아가 협박하거나 거부 의사를 무시하고 성폭행을 하는 것으로 이어지기도 한다. 여기서 더 나아가면 길 가던 여성을 이유 없이 때리거나 조직을 결성하여 여성들에게 무차별적 폭력을 행사하는 경우도 생길 수 있다.

이렇게 편견과 차별의 마음이 표출되어 폭력으로까지 이어지는 것은 모든 소수자 차별 · 혐오에서 거의 공통적으로 나타나는 현상이다. 일베 게시판에는 여성에 대한 편견, 무시, 비하, 멸시, 조롱부터 여성에 대한 노골적인 배제와 차별, 폭력까지 다양한 수위의 표현물들이 올라온다. '된장녀'에 대한 신상털기, 여성 우대 정책에 대한 분노, 그리고 '약 먹여서 성폭행하는 방법'이 모두 같은 맥락에서 일어날 수 있다. 그런 글을 올리는 사람들의 머릿속에는 다양한 수위의 차별, 혐오, 배제, 폭력이 하나의 맥락으로 뒤섞여 있을 것이다.

여전히 낮은 수위의 차별적 표현에 혐오표현이라는 무시무시한 말을 붙이는 것에 거부감이 있을 수 있다. 하지만 소수자의 입장에서 보면 어떨까? '된장녀'라는 말을 '여성혐오'로 간주하는 것에 대해 여성들은 별다른 거부감을 느끼지 않는 경우가 많다. 오히려 여성혐오라고 부르는 것이 현실의 문제를 적절하게 드러낸다고 말한다. '된장녀'라는 말이 여성차별이나 폭력으로 연결될 수 있다는 것을 직감적으로 알기 때문일 것이다. 그래서 여성들은 '된장녀'나 '김치녀'에도 민감하게 반응할 수밖에 없다. 여성을 차별해온 과거가 있고, 그 차별이 현존하며, 앞으로도 계속될 것이 자명한 상황에서 여성들은 그 어떠한 사소한 차별 발언도 가볍게 넘길 수 없는 것이다.

그렇다면 이 다양한 수위의 모든 차별, 혐오, 배제, 폭력의 표현들을 하나의 용어로 포괄해서 지칭해야 하지 않을까? 혐오표현 문제의 심각성을 환기시키려면 '혐오'와 같은 강한 뉘앙스의 말이 적격일 수 있다. 극심한 차별에 고통받는 소수자일수록 다양한 수위의 차별적 언사들을 혐오로 받아들이는 데 주저함이 없다. 한국에서 시민으로서의 권리를 실제로도 법적으로도 누리지 못하는 동성애자들이 "동성애에 반대한다"는 말을 들었을 때 "이것은 동성애 혐오다"라고 반응하는 것은 당연하다. 제3자의 입장에서는 다소 과해 보일지 모르지만 차별받는 소수자의 입장에서는 자연스럽게 받아들여질 수 있다는 사실을 간과해서는 안 된다. 그렇다면 다수자의 입맛에 맞는 용어가 선택되어야 할까, 아니면 소수자의 입장에서 문제의 본질에 부합하는 용어가 선택되어야 할까?

많은 사람들의 일상적 어감에 부합하는 용어를 택하는 것이 문제를 부드럽게 이해시키는 데 유리할지 모른다. 그런데 다수자 입장에서 거부감이 없는 용어를 쓴다고 해서 혐오표현의 심각성에 관한 문제의식이 고양될 수 있을지 의문이다. '차별표현', '멸시표현'처럼 완화된 용어로 이슈화되었다면 "왜 그게 혐오냐?"고 따지는 사람들이 선뜻 문제의식을 받아들였겠냐는 얘기다. 도리어 '사실을 말했는데 왜 차별이냐', '걱정되어 한 말인데 왜 멸시냐' 등등 또 다른 방식으로 거부감을 표출했을 것이다.

따라서 혐오표현이라는 과격한 용어의 사용은 의도적으로 선택된 '반차별운동'의 전략으로 이해되어야 한다. 된장녀가 왜 혐오표현이 냐고 묻는 사람들에게 왜 된장녀'도' 혐오표현일 수 있는지 설득하는 과정 자체가 운동이라는 것이다. 된장녀 신상털기와 데이트 폭력, 성폭력이 하나로 연결되어 있다고 주장하는 것은 중요한 문제 제기다. 다양한 수위의 차별, 적대, 배제, 폭력의 말들을 '혐오표현'이라는 이름으로 묶어내 이 문제들이 하나로 연결되어 있음을 의도적으로 드러내야 한다. 포괄적이고 전략적인 저항을 위해서 혐오표현이라는 전략적 거점을 만들자는 것이다.[13]

다만 여기서 제기하는 문제는 혐오표현의 '법적 쟁점'과는 구분할 필요가 있다. 혐오표현의 범위를 넓게 잡자는 것은 사회적으로 그렇게 명명하자는 것이지, 법률 용어로서 혐오표현을 이렇게 규정하자는 것은 아니다. 뒤에서 자세히 논의하겠지만, 법, 특히 형법으로 규율 가능한 혐오표현의 범위는 훨씬 더 좁고 정교해야 한다.

이미 한국 사회에서 혐오 또는 혐오표현은 다양한 수위의 차별적 언사들을 포괄하는 의미로 받아들여지고 있다. 광범위한 여성차별을 뜻하는 미소지니를 여성혐오로 번역해왔고[14] 호모포비아 등 동성애에 대한 차별과 배제,[15] 이주자·장애인·소수인종을 향한 차별·배제·폭력의 행태들을 혐오 또는 혐오표현이라고 칭하는 것도 점점 일반화되고 있다.[16] 학계에서 처음 헤이트 스피치가 논의될 때에는 그 번역어로 '혐오표현'뿐만 아니라 '혐오언론', '증오언론', '증오연설', '증오적 표현', '(공격적) 혐오발언', '증오표현행위', '적의적 표현행위' 등이 제시되었지만 헤이트 스피치에 대한 논의가 본격화된 2010

말이 칼이 될 때

년대 중반 이후부터는 혐오표현 또는 혐오발언으로 번역하는 경우가 더 많아졌다.[17] 즉 혐오가 다양한 수위와 차원의 차별, 적대, 배제, 멸시, 모욕의 말이나 행태를 통칭하는 것으로 널리 사용되고 전략적 함의도 있는 것이다.[18] 여전히 일각에서 혐오표현이라는 용어에 거부감이 있다면 혐오표현이라는 용어를 사용해야 하는 이유를 토론하는 것 자체가 유의미한 과정이 될 것이라고 믿는다.

2장

혐오표현과
한국 사회

"남혐과 개독도 혐오표현인가요?"

"우선 필자는 동성애에 매우 비판적이다." 새누리당 비상대책위원으로 맹활약했던 이준석 씨는 동성애에 대한 칼럼을 이렇게 시작했다.[1] 칼럼은 동성애에 대한 거부감이 아무런 근거가 없다면서 동성애에 대한 개방적 태도를 취하자는 주장으로 마무리되었다. 전체적으로 보면 가히 '합리적' 보수주의자의 면모를 보여주는 칼럼이었다. 나는 SNS에 "보수가 이 정도 입장이라면 환영이다"라는 코멘트를 남겼다. 그런데 몇몇 인권활동가들이 나에게 항의의 글을 보냈다. 그들은 동성애에 비판적이라는 칼럼을 어떻게 긍정적으로 평가할 수 있냐고 물었다. 그들의 항의가 이해될 듯하면서도 솔직히 좀 지나치다고 생각했다. 이준석 씨 정도면 '반차별전선'에서 우리 쪽으로 끌어들여야 하는 사람 아니겠는가?

풀리지 않는 의문을 해소하기 위해 틈 날 때마다 성소수자 당사자들이나 인권활동가들과 이 문제에 관한 이야기를 나눴다. 내가 충분히 이해하지 못했던 점은 그 칼럼이 놓여 있는 현재 한국 사회의 맥락이었다. 그때만 해도 나는 혐오표현이 사회에서 구체적으로 어떻게 작동하는지에 대하여 다소 안일한 생각을 가지고 있었던 것이다. 차별이 현존하는 한 아무리 사소하고 점잖은 표현도 민감하게 받아들일 수밖에 없다는 것이 그들의 설명이었다.

그러니까 '동성애 반대'라는 말이 실제로 사회에서 어떻게 작동할 것인지에 대한 이해가 다소 달랐던 것이다. 동성애 차별이 공고하게 자리 잡고 있는 한국 사회에서 '동성애 반대'는 결코 사소한 표현일 수 없다. 실제로 소수자 당사자와 제3자의 입장 차이는 사회적 맥락에 대한 이해 차이 때문에 발생하는 경우가 대부분이다. 예컨대 한국에서 남녀가 평등하다고 주장하는 사람들은 대개 여성혐오를 심각하게 받아들이지 않는다. 반면 불평등의 현실이 심각하다고 여길수록 여성혐오의 문제는 심각한 사회문제로 간주된다. 한국 사회의 맥락에 대한 이해가 다르기 때문이다.

차별이 재생산되는 방식

결국 소수자들이 처해 있는 불평등의 맥락 때문에 혐오표현은 그 표현 수위와 상관없이 차별을 조장할 수 있다는 점에 주목해야 한다.[2] 어떤 혐오표현은 특별히 대응하기도 구차하지만, 그렇다고 그냥 내버려두면 고착화되어버린다. 예를 들어, 회사에서 김치녀, 김여사, 개념녀 같은 차별적인 언사들이 식사·술 자리에서 농담식으로 난무할 때 이를 하나하나 따지고 저항하는 것은 쉬운 일이 아니다. 문제 제기를 했다가는 "너무 예민하다", "분위기를 깬다", "농담인데 왜 혼자 유난이냐" 등등의 반격을 받을 가능성도 높다. 이런 상황에서 소수자들은 '침묵'을 선택하곤 한다. 웃는 척하면서 넘어가기도 하고, 다른 말로 화제를 돌리기도 한다. 이때 침묵은 자발적이라기보다는 강요된 것이다. 사회생활에서 살아남기 위한 불가피한 선택이다. 그런데 이러한 침묵이 지속되다 보면 점차 그런 차별적 언사들이 정당화되고 고착화된다. 사실로 굳어지는 것이다.

"동남아시아 출신들은 게으르다", "조선족들은 칼을 가지고 다니다가 시비가 붙으면 휘두르는 게 일상화되어 있다" 등과 같이 특정 소수자 집단에 대한 부정적 이미지를 표현하는 말들이 있고, 여성은 "조신해야 한다", "나서지 마라", "집에서 애나 봐라"와 같이 소수자를 일정한 틀에 가둬놓고 한계를 지우는 유형도 있다. 이러한 말들이 별다른 제지 없이 발화된다면 어느 순간 사실로 굳어지게 된다. 허위가 사실로 둔갑하여 또 다른 차별을 낳게 된다.

구분을 위한 호칭 자체가 차별을 야기하는 경우도 있다. 예를 들어, 교사가 학생을 지칭할 때, '파란 옷 입은 학생'이라고 한다면 별 문제가 없을 것이다. 그런데 '여학생' 또는 '안경 쓴 학생'이라고 지칭했다면 어떨까? '휠체어 탄 학생', '히잡 쓴 학생', '다문화'라고 부른다면 어떨까? 누군가를 지적하여 부르기 위해 구분이 불가피한 경우가 있지만 차별받는 소수자의 속성을 언급하여 지칭할 때는 특별한 주의가 필요하다. 맥락에 따라 구분 자체가 열등하고 비정상적이고 비주류적인 것으로 간수하는 효과를 낳을 수도 있기 때문이다. 물론 이것 역시 맥락에 따라 다르다. 예컨대 다문화가 '다문화 정책', '다문화주의', '다문화학회'와 같은 식으로 쓰일 때는 개념, 목적, 취지를 설명하는 용어이지만, 다문화 배경을 가진 소수자 학생을 '다문화'라고 부른다면 그 학생을 차별하고 배제하는 효과를 낳을 수 있다는 말이다.

불쾌감이나 모욕감을 유발하는 욕설로서 인간의 존엄성을 훼손하고 정신적 상처를 입히는 경우도 있다. 일본의 혐한시위대가 외친 "김치 냄새 난다!", "조선인은 똥이나 먹어!", "바퀴벌레 조선인을 몰아내자!" 등의 구호들이 대표적이다. 특정 인종에게 냄새가 난다는 식의 모욕적 언사를 하거나 동양인을 원숭이에 비유하는 것도 이 유형에 해당한다. 이것은 뒤에서 자세히 살펴볼 혐오표현의 유형 중 모욕형 혐오표현에 해당한다. 이러한 표현은 그 자체로 소수자를 괴롭히는 것이지만 소수자 집단의 부정적 이미지를 고착화시키거나 구분을 통한 차별을 야기하기도 한다.

소수자의 정체성을 부정하는 방식의 차별적 혐오표현도 있다. 동성애자를 전환 치료의 대상으로 간주하거나 이주자에게 "너희 나라로 가라"고 말하는 것이 대표적이다. 그들의 정체성을 부정하고 기본적인 권리를 가진 주체로 인정하지 않겠다는 의지를 표명함으로써 차별을 조장하는 것이다. 눈에 보여서는 안 되는 존재로 간주하는 '비가시화'의 방법도 있다. "정신병자들은 집에 있어라"와 같은 말이 대표적이다. 이는 때로 점잖고 윤리적인 태도로 위장된다. "내 눈에 띄지만 않으면 괜찮다", "퀴어축제 같은 거 안 하면 안 되냐" 등의 말들은 언뜻 보면 타인의 삶을 존중하는 입장인 것처럼 보인다. 하지만 다른 사람들의 눈에 띄지 않고 사는 것이 평등한 인간으로서 존중받는 삶이라고 할 수 있을까? 험한시위대는 이렇게 외친다. "일본에 살게 해주고 있잖아! 너희는 구석에 처박혀 있으면 돼!"[3] 구석에 처박혀 사는 삶을 강요하면서 '살게 해'주었으니 평등한 대우를 했다고 이야기할 수는 없을 것이다.

남혐과 개독도 혐오표현일까

혐오표현에 관하여 대중강연을 하다 보면 '남혐(남성혐오)도 문제 아닌가', '개독도 혐오표현 아닌가'라는 질문을 종종 받는다. 핵심은 남혐이나 개독이라는 표현이 소수자 혐오의 경우처럼 '차별'을 재생산하고 있는지의 여부다. 그런 점에서 보면 남성이나 기독교도와 같은 다수자에 대한 혐오표현은 성립하기 어렵다. 소수자들처럼 차별받아온 '과거'와 차별받고 있는 '현재'와 차별받을 가능성이 있는 '미래'라는 맥락이 없기 때문이다.

실제로 다수자를 대상으로 하는 혐오표현은 대개의 경우 소수자를 대상으로 한 혐오표현과 같은 효과가 발생하지 않는다. "남학생들은 매일 스마트폰으로 스포츠카나 구경한다. 그래서 불행한 거다"라고 말하거나 비장애인에게 "장애가 없는 사람들은 밖에 나오지 말고 집에 처박혀 있어"라고 말한다고 해서 그것이 특별히 남성이나 비장애인에게 위협이 된다거나 차별을 조장하지는 않을 것이다. 미국에서 백인들에게 "덩치만 크고 미련한 백곰 같은 놈들아"라고 외쳐봐야 백인들의 정신적 고통을 야기하거나 '백인=미련곰탱이'라는 부정적 이미지를 고착화시켜 백인 차별을 조장할 가능성은 희박하다. 이주노동자가 한국인 사장에게 "한국 사람들은 사장님처럼 다 게으른 모양이네요"라고 말한다고 해서 한국인을 차별하고 배제하는 효과를 낳을리는 없다. 이성애자가 "이성을 사랑하는 건 당신 자유인데, 내 눈에 띄지는 마라"라는 말을 들었다고 해서 이성애자의 사랑이 위축되지는 않을 것이다. 이러한 표현들이 바람직하지 않다고 말할 수는 있을지언정, '혐오표현'이라고 이슈화할 문제라고 보긴 어렵다. 반면 똑같은 표현이 소수자를 향할 때는 사회적 효과가 완전히 달라진다. 표현자체가 차별을 조장하고, 상처를 주고, 배제와 고립을 낳을 수 있다. 그래서 혐오표현은 '소수자에 대한 차별'인 것이다.

나도 남성이라서 남성을 일반화하여 비난하는 발언을 들으면 기분이 썩 좋지는 않다. 하지만 남성에 대한 차별적, 모욕적 표현이 난무한다고 해서 내가 차별과 성폭력의 피해자가 될 것을 걱정하지는 않는다. 그저 좀 언짢을 뿐이다. 하지만 여성혐오는 여성을 열등한 존재로서 차별하는 것을 넘어 일상적인 공포를 야기하기도 한다. 열등한 존재인 여성을 대상화하고 종속화하는 남성 지배 문화에서는 여성을 폭력의 대상으로 삼기도 한다. 강남역 여성 살해 사건이 발생했을 때 여성들의 분노, 불안, 공포, 그리고 저항의 몸부림은 여성에 대한 일상적 폭력이 얼마나 뿌리 깊은지를 보여주는 장면이었다. 하지만 남혐은 이러한 공포와 불안으로 연결되지 않는다.[4] 실제로 〈시사IN〉과 아르스 프락시아가 디시인사이드 '메르스갤러리'와 나무위키의 '메갈리아' 항목을 분석한 결과, 여성혐오를 당한 여성들의 감정적 반응은 '공포'로 귀결되는 반면, 남성혐오를 당했다고 주장하는 쪽의 감정

말이 칼이 될 때

선에는 공포가 없다는 결론이 나왔다.[5] 남혐과 여혐이 사회에서 작동하는 기제가 똑같다고 볼 수 없고 남혐[6]을 여혐과 비교하여 '그게 그 거고 다 나쁘다'는 식으로 동일시할 수는 없다.

이쯤에서 미러링[7]은 좀 다르다는 의문을 제기하는 독자들이 있을 것이다. 미러링은 혐오에 대해 혐오로 맞받아친다는 점에서 일견 고개를 갸웃하게 할 수도 있는 운동 방식이다. 자신은 여성을 차별하거나 혐오하지 않는다고 생각하는 남성들이라면 더더욱 거부감이 들 수 있다. 하지만 앞서 설명한 대로 남성혐오와 여성혐오를 동일한 잣대로 평가할 수는 없다. 그 사회적 작동 방식과 위험 초래의 가능성이 전혀 다르기 때문이다.

'개독'도 마찬가지다. 개독이라는 말이 널리 쓰인다고 해도 일반적으로 혐오표현이 야기하는 불상사가 벌어질 가능성은 거의 없는 반면, 무슬림을 비하하는 표현은 혐오표현이 될 수 있다. 이건 기독교와 이슬람교가 놓여 있는 한국의 사회적 맥락이 다르기 때문이다. 무슬림이 일상적인 편견, 혐오, 차별에 노출되어 있는 사회에서 무슬림 혐오표현을 농담처럼 받아넘길 수 없다. 혐오표현이 그들의 사회적 지위를 실제로 위협하는 현실 그 자체로 작동하기 때문이다. 출근길에 차도르를 두르고 나갈까 고민이 된다. 거리에서 조금이라도 묘한 시선을 받게 되면 배제와 차별의 눈빛 같아 두렵다. 회사에서 삼삼오오 쑥덕거리는 모습을 목격하면 혹시 자신을 험담하는 게 아닐까 걱정된다. 기도를 하러 나갈 때도 무슬림 휴일에 휴가를 내는 것도 자기검열을 하게 된다. 무슬림 혐오가 난무하는 인터넷을 보다 보면 차도르를 두르고 나갔다가 맞을 수도 있겠다는 생각까지 하게 된다.

반면 개독이라는 말이 만연하다고 해서 기독교도들이 그런 두려움에 떨게 되는 것은 아니다. 인터넷 게시판에서 개독이라는 말을 목격했다고 해서 십자가 목걸이를 두고 나가야겠다고 생각하거나 회사에서 자신이 기독교도임이 발각되지 않을까 전전긍긍하지는 않을 것이다. 나도 크리스천으로서 개독이라는 표현이 불편하다. 부적절한 표현이라고 생각하기도 한다. 그래서 개인적으로는 종종 "개독이라고 하는 게 문제 해결에 도움이 될까요?"라고 묻기도 한다. 하지만 개독에는 혐오표현의 부정적 효과가 있다고 보기 어렵고, 따라서 개독을 혐오표현으로 간주하기에는 무리가 있다는 사실에는 변함이 없다.

표현이 야기하는 효과에 주목하라

그렇다면 남혐이나 개독은 어떤 상황에서도 혐오표현이 될 수 없는가? 그렇지는 않다. 사회적 맥락은 상대적이고 가변적이기 때문이다. 실제로 혐오표현금지법이나 증오범죄법은 조문상 "남성이 여성을 혐오하는 행위", "백인이 흑인에게 증오범죄를 한 행위"라고 규정하지 않고, "성별을 이유로 혐오하는 행위", "인종을 이유로 증오범죄를 한 행위"를 규율하는 것으로 규정되어 있다. 따라서 여성이 남성에게 하는 혐오표현이나 흑인이 백인에게 하는 증오범죄도 성립 가능성을 배제하는 것은 아니라고 해석된다. 다른 다수자에 대한 혐오표현이나 증오범죄도 마찬가지다.

혐오표현금지법이나 증오범죄법은 소수자차별 문제를 해결하기 위해 제정된 것이긴 하지만 권력관계가 역전된 상황에서 역으로 적용될 가능성이 차단되어 있지는 않다. 더 오래된 이슈인 '성희롱'이 좋은 예시다. 1970년대 후반 미국의 페미니스트 맥키넌Catharine Mackinnon이 성희롱sexual harassment 문제를 제기했을 때 그 성희롱은 '여성에 대한 차별' 문제였다. "성희롱은 여성을 종속화하고 차별하는 의도나 효과를 가진 것으로 그 자체로 성차별"이라는 맥키넌의 날카로운 분석이 설득력을 얻으면서 전 세계적으로 수많은 성희롱법이 제정되었다. 하지만 오늘날 성희롱이 '여성 피해자-남성 가해자' 구도에서만 발생하는 건 아니다.[8] 즉 성희롱은 소수자인 여성의 차별 문제로서 제기된 개념이지만 지금은 '성적 언동'으로 인격권을 침해하는 행위로서 어떤 맥락에서는 남성도 그 피해자가 될 수 있다.

실제로 특정 지역이나 공동체 단위에서 남성들이나 기독교도가 소수자로서 억압받고 있다면 남혐이나 개독은 끔찍한 혐오표현이 될 수 있다. 예컨대 여성이 지배적인 지위를 점하고 있는 회사 내에서 남성이 차별받거나 혐오표현으로 고통받을 수 있다. 비기독교도들이 다수인 어떤 학교 내에서 기독교도를 조롱하고 괴롭히고 차별하는 사태가 있을 수 있다. 무슬림이 다수인 국가에서도 개독이 혐오표현이 될 수 있을 것이다. 기독교가 탄압받던 개화기 조선에서 개독이라는 말은 차별과 배제를 야기하는 심각한 혐오표현이었을 것이다. 그런 의미에서 남혐이나 개독이 혐오표현이 되는 것은 '불가능하다'기보다는 현재 시점의 한국 사회에서는 '어렵다'고 표현하는 것이 적절하다. 먼 미래에 남성차별 문제가 심각해지고 기독교가 탄압받는 소수 송교가 된다면 남혐과 개독은 악랄한 혐오표현이 될 수 있을 것이다.

그런 상황이 된다면 우리는 남혐과 개독을 혐오표현으로 규정하고 단호히 맞서 싸워야 한다. 하지만 최소한 '현재' '한국 사회'의 맥락에서 여혐과 남혐, 이슬람혐오와 기독교혐오를 동일선상에 놓고 '이거나 저거나 다 나쁘다'고 할 수는 없는 일이다.

침묵과 무시가 대안일 수는 없다

몇 년 전부터 공직선거에서도 동성애 문제가 이슈가 되었다. 지금도 적잖은 정치인들은 "동성애에 반대하지만, 동성애자가 차별받아선 안 된다"의 어법을 쓰곤 한다. 인간의 어떤 정체성에 대해 왈가왈부하는 것 자체가 어불성설이지만 이런 어법이 사회적으로 통용되는 상황을 한번 생각해보자.

회사 회식 자리다. "전 동성애자가 참 싫어요. 뭐, 우리 회사에 그런 사람이 있다고 해서 차별받아야 한다는 얘기는 아니지만……." 다른 직원들이 맞장구를 친다. "맞아 맞아. 난 솔직히 소름끼쳐. 그렇다고 차별하면 안 되겠지만 말이야." 옆에는 동성애자 직원이 있다. "제가 소름끼치고 싫다고요? 그래도 차별하지 않겠다니 감사해야 하나요?" 교사가 학생들에게 이런 말을 건넨다. "동성애에 반대해야 합니다. 그들을 차별해서는 안 되겠지만요." 한 학생이 날카로운 질문을 던진다. "제 짝꿍이 동성애자인 거 같은데, 동성애에 반대한다고 말해줘도 괜찮나요?" 자, 이제 '차별하면 안 된다'는 명제에만 동의한다면 '동성애 반대', '동성애에 비판적'이라는 말을 누구나 자유롭게 말할 수 있는 세상이 된 것이다.

이런 대화가 오가는 것이 문제가 아니라면 "동성애에 비판적이다"라는 내용의 칼럼이 신문에 실려도 무방할 것이다. 하지만 이런 말이 차별을 조장하고 소수자들의 삶을 위협하고 있다면 이 엄중한 현실을 외면할 수 있을까? 이런 말이 아무런 제지 없이 발화되는 사회를 두고 "누구나 차별받지 않고 존중받는다"라고 말할 수 있을까? 듣는 사람에게 왜 그렇게 민감하냐고 타박할 게 아니라 말하는 사람이 사회적 현실을 고려하여 발언하는 게 윤리적으로 옳다. 그것이 공적 인물의 공적 발언이라면 더더욱 그러하다. 공인은 자신의 발언이 사회에 어떤 영향을 미칠지 세심하게 고려하여 신중하게 발언할 책임이 있기 때문이다.

소수자차별의 맥락이 있는 한, 표현의 수위와 상관없이 혐오표현은 차별을 재생산하고 공고하게 만들 수 있다. 그래서 우리는 혐오표현의 개념을 넓게 설정할 필요가 있고 동시에 구체적인 맥락에 따라 혐오표현의 문제를 제기해야 한다. 그렇다고 혐오표현으로 간주될 만한 말들을 죄다 형사처벌하자는 얘기는 아니다. 앞서 예를 든 것들은 대부분 법적 잣대를 들이댈 문제들은 아니다. 하지만 우리는 차별적 언사에 대해 '항의'할 수 있고, 또 항의해야 한다. 그래서 민주주의의 공론장에서 어떤 말이 오갈 수 있는지에 대한 사회적 합의를 도출해야 한다. 더 이상 혐오표현에 대한 침묵과 무시가 대안일 수는 없다.

맘충과 노키즈존

〈경향신문〉 창간 71주년 기획 시리즈인 "혐오를 넘어"에는 혐오 대상 단어에서 연상되는 이미지들이 소개되었다. 이때 선택된 단어는 '김치녀', '맘충', '이주민', '동성애'였다. 특히 맘충은 언제부턴가 혐오와 혐오표현에 관한 문제를 거론할 때면 반드시 튀어나올 정도로 대표적인 혐오표현 사례로 언급되기 시작했다. 혐오의 표적집단으로 여성, 이주민, 성소수자는 흔히 언급되지만 아이 엄마는 다소 이례적이다. 전 세계의 혐오표현 연구 및 보고 중 아이 엄마를 표적집단으로 설정한 것은 한 번도 보지 못했다. 물론 임신과 출산은 대표적인 차별금지사유에 속하지만 이는 주로 임신과 출산으로 인해 직장 등에서 차별받는 상황을 염두에 둔 것이다. 하지만 한국적 맥락에서 맘충의 쓰임새는 혐오로 간주될 가능성을 충분히 가지고 있다.

〈경향신문〉 기사에 따르면, 맘충은 기저귀, 김밥, 교육, 교정, 먹일 것, 말림, 쏟음, 흘림, 우리 애, 유모차, 혼냄, 고급 유모차, 커피숍, VIP, 뷔페, 브런치, 까탈, 비상식, 비일반, 억셈, 적반하장, 민폐, 거만, 떠들다, 따지다, 뛰어다니다, 막장, 말 안 들음, 무개념, 무식, 새치기, 시끄럽다, 천박, 싸운다, 진상, 쩡쩡, 치우지 않음, 피해, 남탓, 내로남불, 남편 욕, 시댁 욕, 기저귀 가방, 뚱뚱하다, 레깅스, 못생김,

맨발, 슬리퍼, 박시한 원피스, 슬리퍼, 묶은 머리, 허름, 안 꾸밈, 아줌마, 공공장소, 카페(스벅, 커피빈), 대중교통, 레스토랑, 버스, 백화점, 엘리베이터, 영화관, 극혐, 꼴 보기 싫음, 엉망, 부들부들, 여성혐오 등으로 전형화된다고 한다.[9] 아이 엄마의 이미지가 예의 없고 남들에게 피해를 주는 기피 대상으로 고착화되고 있는 것이다. 어떤 집단의 부정적인 모습을 고정관념화하는 것이 소수자를 혐오하고 차별하는 전형적인 행태라고 한다면 맘충이라는 말이 널리 회자되는 것은 우려스러운 일이 아닐 수 없다.

물론 어떤 집단을 비하하는 표현이 모두 혐오표현인 것은 아니다. 어떤 소수자 집단이 과거에 차별받아왔고 현재에도 차별받고 있는 맥락 위에서 혐오표현이 성립할 수 있다. 그러니까 아이 엄마가 한국 사회에서 어떤 처지에 놓여 있는지가 핵심이다. 다른 말로 표현하면, 한국 사회가 과연 아이와 아이 엄마를 인격체로서 존중하고 있는지 물어야 한다. 그런 사회가 아니라면 맘충이라는 말의 사회적 해악은 무시할 수 없는 문제가 된다. 실제로 맘충이라는 말을 심각하게 받아들이는 것은 그 말이 아이와 엄마에 대한 차별을 재생산하고 있기 때문이다. 맘충처럼 아이와 엄마를 혐오하는 말들이 널리 사용되면서 엄마들은 아이를 데리고 나가는 것 자체가 부담스럽다고 말한다. 아이와 함께하는 행동 하나하나가 '지적'당할까 두렵고 자기도 모르게 남의 시선을 의식하게 되어 위축된다고 말한다. 특정 집단의 부정적인 측면을 고정관념화하여 위축시키고 사회에서 배제시키는 혐오표현의 전형적인 해악으로 볼 수 있는 장면이다.

'노키즈존'은 어떨까? 이건 아이와 엄마에 대한 혐오를 실행에 옮긴 것이므로 그 자체로 '차별'이라고 할 수 있다. 2017년 11월 국가인권위원회에서도 노키즈존이 차별이라는 결정을 내렸다. 결론보다 중요한 것은 그 논거다. 비하 표현이 모두 혐오표현이 되는 것이 아니듯, 어떤 집단의 출입을 금지했다고 해서 모두 차별인 것은 아니다. 영업의 본질적인 목적을 위해 불가피하다면 차별이라고 볼 수 없다. 예를 들어, 클래식 공연장에 5세 이하 어린이의 출입을 금지하는 것은 클래식 공연의 본질적 목적 수행을 위해 불가피할 것이다. 자연스럽게 용인되어온 관행이기도 하다.

하지만 어떤 특정 집단을 지정해 배제하는 것은 항상 최후의 수단이 되어야 한다. 특정 집단에 대한 배제는 영업을 위해 필요하다는 정도를 넘어, 그렇게 하지 않으면 영업이 도저히 불가능하고 도저히 다른 방법을 찾을 수 없을 때에만 예외적으로 허용된다. 그렇다면 일반 대중을 대상으로 하는 음식점이나 카페에서 어린이의 출입을 금지하는 것이 정말로 불가피한 것인지 따져봐야 한다. 일단 아이와 엄마가 영업의 본질적인 목적을 실현할 수 없게 한다고 보기 어렵다. 물론 부담이 될 수는 있다. 어린이용 식기나 의자를 준비해야 할 뿐만 아니라 아이는 아무래도 음식물도 많이 흘리고 주위를 소란스럽게 하고 아무 데나 돌아다니기도 할 것이다. 그런데 이런 부담이 아이의 출입을 원천봉쇄할 정도로 심각한 것인지, 아니면 우리 사회가 감당해야 할 문제인지를 생각해봐야 한다. "5세 이하 어린이 출입 금지"라는 팻말 외에는 어떤 해법도 없는 상황이라면 모를까, 그렇지 않다면 어떻게든 다른 방법을 찾아야 한다는 것이다. 차별을 금시하는 것은 무작정 자유를 세한하려는 취지가 아니다. 다만, 특정 소수자 집단을 구분하고 배제하는 식의 '손쉬운' 방식으로 문제를 해결하지 말라는 것이다. 그리고 사회 전체가 머리를 맞대고 공존의 해법을 찾아보라는 주문이다. 영업을 곤란하게 만드는 일부 사례가 있고 그로 인한 업주들의 고충이 있음을 무시하는 것이 아니다. 다만 그 해결 방안이 꼭 노키즈존이어야만 하는지를 묻고 있는 것이다.

맘충이나 노키즈존 문제를 해결하는 가장 좋은 방법은 아이와 엄마가 차별받지 않고 존중받는 사회를 만드는 것이다. 그렇게 된다면 맘충 따위는 농담으로 넘길 수 있다. 몇몇 가게에서 노키즈존을 운영해도 마음 쓰일 일이 없다. 아이와 엄마를 환대하는 수많은 가게와 공공 시설이 있는데 일부 가게에서 그런 영업을 한들 무슨 문제가 되겠는가. 문제는 맘충이라는 말이 말에 머무르는 것이 아니라 아이 엄마를 진짜 벌레 취급하는 식으로 '현실화'될 수 있다는 것이다. 맘충이라고 말할 자유와 노키즈존 영업을 할 자유를 얻길 원한다면 아이와 엄마가 차별받는 사회 현실부터 바꿔야 한다.

3장

혐오표현의
유형

"흑인 두 명이 우리 기숙사에 있는데…"

2장에서 혐오표현의 개념 범위를 넓게 잡아야 할 필요성에 대해서 설명했다. 그렇다면, 예컨대 다음과 같은 표현들을 혐오표현의 범주에 포함시킬 필요가 있다. 표현의 수위와 형태는 다르지만 혐오표현으로서 일맥상통하는 부분이 있기 때문이다.

예시 1. "우리나라 여자들이 다 취집을 해서 우리나라의 국내총생산(GDP)이 낮다."

예시 2. "동성애 퀴어축제 결사 반대. 인류 생명 질서, 가정, 사람 질서가 무너지면 이 사회도 무너진다."

예시 3. "흑인 두 명이 우리 기숙사에 있는데, 어휴 ○○ 냄새가 아주 ㅋㅋㅋㅋㅋㅋ."

예시 4. "착한 한국인 나쁜 한국인 같은 건 없다, 다 죽여버려!"

그런데 이러한 표현들에 대해서 똑같은 '대응'을 할 수는 없다. 예컨대 예시 4의 유형이면 몰라도 예시 1과 같은 표현을 형사처벌 대상으로 삼는 건 무리다. 혐오표현의 범위를 넓게 잡는다면 구체적인 대응 전략 마련을 위한 세부적인 유형 분류가 필요하다.

내가 연구책임자로 참여했던 2016년 국가인권위원회 연구용역에서는 연구진들이 격론을 거듭한 끝에 혐오표현을 아래와 같이 네 가지 유형으로 구분했었다.[1] 이러한 유형 분류는 혐오표현의 다양한 양태를 보여줄 수 있고 구체적인 대응 방안을 모색할 때도 유용하다. 다만, 차별적 괴롭힘은 고용, 서비스, 교육 등 특정한 영역에서의 혐오표현을 구분해낸 것이고, 나머지 유형은 표현 형태에 따른 구분이라는 점에 유의할 필요가 있다.

표1. 혐오표현의 유형

유형	내용	예시 사례
차별적 괴롭힘	고용·서비스·교육 영역에서 차별적 속성을 이유로 소수자(개인, 집단)에게 수치심, 모욕감, 두려움 등 정신적 고통을 주는 행위	(직장이나 학교에서) "우리나라 여자들이 다 취집을 해서 우리나라의 국내총생산이 낮다."[2]
편견 조장	편견과 차별을 확산하고 조장하는 행위	"동성애 퀴어축제 결사 반대. 인류 생명 질서, 가정, 사람 질서 무너지면 이 사회도 무너진다."[3]
모욕	소수자(개인, 집단)를 멸시·모욕·위협하여 인간 존엄성을 침해하는 표현행위	"흑인 두 명이 우리 기숙사에 있는데, 어휴 ㅇㅇ 냄새가 아주 ㅋㅋㅋㅋㅋㅋ"[4]
증오선동	소수자 집단에 대한 차별, 적의 또는 폭력을 조장·선동하는 증오 고취행위	"착한 한국인 나쁜 한국인 같은 건 없다, 다 죽여버려!"[5]

차별적 괴롭힘

 광화문광장에서 '동성애 반대' 피켓을 들고 1인 시위를 한 것과 어느 회사의 부장이 부원들 단톡방(단체 메신저 대화방)에 동성애자를 조롱하는 동영상을 공유한 것 중 어느 것이 더 큰 문제일까? 광화문 시위는 무차별 대중을 상대로 했다는 점에서 파급력이 커 보이지만 직접적인 해악을 초래한다고 보기는 어렵다. 구체적으로 누가 어떤 피해를 입는지도 불분명하고 시민사회의 토론 과정에서 자연스럽게 경쟁력을 잃고 도태될 수도 있기 때문이다. 반면 부장의 동영상 공유는 얘기가 다르다. 부장이 올린 동영상에 "ㅋㅋㅋ 대박", "부장님 넘 웃겨요"라고 반응하는 것을 지켜봐야 하는 동성애자 직원의 심정은 어떨까? 심한 모욕감과 함께 이 직장에 계속 다녀야 하는지 심각한 회의가 들 것이다. 또한 그런 농담을 주고받는 직장에서 동성애자가 '실제로' 차별받지 않을 수 있을까? 직원들은 순전히 '농담'으로만 동성애자를 조롱할 뿐, 실제 차별행위로 이어지지는 않는다고 할 수 있을까? 직장 단톡방에 차별적인 내용을 담은 표현물이 올라온다면 그것은 당사자인 소수자에게 직접적인 정신적 고통을 야기하고 실제 차별로 이어질 가능성이 농후하다. 그냥 말이고 농담일 수 없는 상황이 전개된다는 것이다.
 '차별적 괴롭힘'은 이렇게 차별적 속성을 이유로 소수자(개인, 집단)에게 수치심, 모욕감, 두려움 등 정신적 고통을 주는 행위를 말한다. 차별적 괴롭힘은 차별행위로 간주되어 차별금지법에 의해서 규율되는 것이 보통이다. 한국의 차별금지법안은 괴롭힘을 이렇게 규정한다.

[괴롭힘] 성별 등을 이유로 개인이나 집단에 대하여 존엄성을 해치거나 수치심·모욕감·두려움을 야기하거나 적대적·위협적·모욕적인 분위기를 조성하는 등의 방법으로 신체적·정신적 고통을 주는 일체의 행위[6]

이때 "성별 등"은 차별금지사유로서 법안에서는 "성별, 장애, 병력, 나이, 언어, 출신국가, 출신민족, 인종, 피부색, 출신지역, 출신학교, 용모 등 신체 조건, 혼인 여부, 임신 또는 출산, 가족 형태 및 가족 상황, 종교, 사상 또는 정치적 의견, 전과, 성적 지향, 성별정체성, 학력, 고용 형태, 사회적 신분 등"을 언급하고 있다. 즉 이러한 차별금지사유를 이유로 고통을 주는 행위가 바로 '괴롭힘'인 것이다. 예컨대 성별 괴롭힘, 인종 괴롭힘, 성적 지향 괴롭힘 등이 성립 가능하다. 그래서 괴롭힘은 일종의 '차별행위'로 간주되며, 이때 괴롭힘은 '차별적 괴롭힘'이라고 불리기도 한다.[7] 이러한 괴롭힘이 언어 등 표현을 매개로 하지 않는 경우도 있지만, 언어적 괴롭힘은 사실상 혐오표현에 속한다고 할 수 있다.[8]

현행 장애인차별금지법은 "집단따돌림, 방치, 유기, 괴롭힘, 희롱, 학대, 금전적 착취, 성적 자기결정권 침해 등의 방법으로 장애인에게 가해지는 신체적·정신적·정서적·언어적 행위"(3조 20호)를 장애인에 대한 괴롭힘으로 규정하고 금지한다. '성희롱'으로 법제화되었던 '섹슈얼 해러스먼트sexual harassment'도 실은 '성을 이유로 한 괴롭힘'

이며, 성에 의한 괴롭힘은 이미 현행법에 의해서 규율되고 있다.[9] 그러니까 차별금지법이 제정된다면 기존에 장애와 성에 한정되었던 괴롭힘이 다른 차별금지사유로 확대되는 셈이다.

괴롭힘은 기본적으로 고용, 재화·용역 제공, 교육 등의 영역에서 발생하는 문제를 규율한다. 특히 권력관계에 의해 교사나 교수가 소수자 학생을, 직장 상사가 소수자 하급자를 괴롭히는 것이 문제가 된다. 예를 들어, 소수인종 직원을 그 인종을 이유로 조롱하는 것은 그 직원뿐만 아니라 그 직원과 같은 속성을 가진 다른 직원들에게 정신적 고통을 주고 차별로 직결될 가능성이 높으며, 자율적 해결을 기대할 수 없기 때문에 법이 개입하는 것이다.

한편 소수자나 그 집단에게 직접 말을 하는 것이 아니라 차별적 환경을 조성함으로써 간접적으로 고통을 가하는 것도 괴롭힘으로 간주된다. 성희롱에 '환경형 성희롱'이 있듯이, 괴롭힘에도 '환경형 괴롭힘'이 있는 것이다. 예컨대 어떤 소수자의 특성을 잡아 놀리고 모욕해도 괴롭힘이 성립하지만 소수자를 비하하는 포스터를 게시하거나 영상물을 공유하는 행위도 차별적인 환경을 조성한다는 점에서 문제가 된다.

편견 조장

"양성평등에 기초한 현행 헌법이 젠더 이론에 기초하여 동성애, 근친상간과 동성혼 등을 허용하는 '성평등'에 기초한 헌법으로 개정되면 헌법의 중요 가치가 무너집니다!" "나라 지키러 군대 간 내 아들 동성애자 되고 에이즈 걸려서 돌아오나? 군대 내 동성애 허용하면 내 아들 군대 절대 안 보낸다." 동성애 동성혼 개헌 반대 국민연합과 김이수 헌법재판소장 임명에 반대하는 단체 일동이 낸 광고에서 발췌한 내용이다. 이것은 일종의 '정책' 광고다. 헌법 개정이나 헌법재판소장 임명에 대해 의견을 내는 형식이기 때문이다. 원칙적으로 국가 정책에 대한 의견은 자유롭게 보장되어야 한다.

그런데 성소수자 단체들은 이것을 보고 '혐오표현'이라고 말한다. 왜일까? 그들에게 전달될 때는 성소수자에게 모욕적인 욕설을 내뱉는 것이나 이렇게 점잖게(?) 정책 제안을 하는 척하는 것이나 별다르지 않기 때문이다. 어떻게 보면 더 교묘하게 차별과 혐오를 부추기는 효과를 가져올 수도 있다. 후에 설명하겠지만(4장) 혐오표현의 해악은 정신적 고통과 공존의 파괴로 구분할 수 있다. 후자의 측면에서 보면, 오히려 이러한 방식으로 차별과 혐오를 조장하는 것이 더 심각한 문제일 수 있다.

어떤 자료는 "헌법에 망명권을 신설하는 것은 안 된다"면서 스웨덴의 경우 강간의 92퍼센트가 이슬람 난민에 의한 것이고 프랑스에서는 무슬림에 의한 폭동이 다반사임을 언급한다. 헌법상 기본권 주체를 '국민'에서 '사람'으로 바꾸면 안 된다고 주장하면서 외국인 범죄 증가 등을 근거로 들기도 한다. 이것 역시 헌법 개정에 대한 의견을 내는 형식이지만 난민이나 외국인을 잠재적 범죄자 집단으로 낙인찍는 데 영향을 줄 수 있는 내용이다. 난민이나 외국인의 입장에서는 이 또한 '혐오표현'이라고 받아들일 수밖에 없다.

이러한 형태의 말들이 초래하는 해악이 과격한 욕설이나 선동보다 덜하다고 보기 어렵기 때문에 이것들도 일종의 혐오표현으로 간주된다. 이것이 편견이나 차별을 확산하거나 조장하는 유형의 혐오표현이다. 사실 적시, 학술 발표, 종교적 신념의 표명, 개인적 양심의 표출, 정책 제언 등으로 차별을 암시하는 표현을 하는 것이다. 바로 뒤에서 설명할 멸시, 모욕, 위협보다는 표현의 수위가 훨씬 점잖고 증오선동처럼 선동성이 있는 것도 아니다. 예컨대 "떼로 몰려다니니 떼놈이고, 땟국이 줄줄 흐르니 땟놈이지"라고 한다면 멸시나 모욕적인 혐오표현이고 "조선족들을 모두 추방하라!"고 선동한다면 증오선동에 해당하겠지만, "상대방의 말투가 조선족이나 탈북자 느낌이 난다면 되도록 믿지 말고 멀리 떨어지는 것이 당신의 생명을 지키는 방법입니다"라고 한다면 '조언'(?)에 가깝다. "조선족이 한국에 들어오기 전에는 토막 살해가 없었죠. 자국민을 보호하기 위해서라도 외국인 노동자 관리가 조금 더 철저하게 이루어져야 한다고 생각합니다"라고 한다면 '범죄 대책'을 제안하는 형식이다. 문제는 이렇게 조언이나 정책 제언을 빙자한 혐오표현들이 일견 온건해 보이지만 실제로는 더 심각한 해악을 낳을 수 있다는 점이다. 더 은밀하고 치밀하게 차별을 조장할 수도 있기 때문이다. 실제로 "조선족을 몰아내자"고 하는 것보다 조선족에 대한 부정적인 인식을 지속적으로 조장하는 것이 궁극적으로 그들을 차별하고 배제하는 효과가 더 클 수 있다. 그래서 차별을 조장하는 표현도 혐오표현의 범주에 넣어야 한다는 것이다.

다만 편견 조장에 해당하는 혐오표현을 법으로 금지하는 것은 그리 간단한 문제가 아니다. 무엇보다 표현의 자유와 충돌하기 쉽다. 예컨대 학술대회에서 조선족 범죄의 현실을 분석하는 논문을 발표했다면 그것은 학문·표현의 자유로 봐야 할 것이고, 이주자 정책의 문제로서 조선족 범죄와 이민자 정책의 문제를 제기한다면 정치적 의사를 표명한 것에 해당한다고 할 수 있다. 일부 국가의 혐오표현금지법에는 사실 진술, 종교적 진술, 공적 관심사 등의 경우에 혐오표현금지법의 적용을 배제하는 조항을 두고 있기도 하다. 설사 어떤 편견 조장 행위가 혐오표현에 해당한다고 하더라도 이 배제 조항에 해당한다면 법 적용이 어려운 것이다.

모욕

지난 2009년 한국인 박모 씨는 한 인도인에게 "유 아랍, 유 아랍You Arab, you Arab!", "너 냄새 나, 이 더러운 XX야", "퍽 유 퍽 유Fuck you fuck you" 등의 욕설을 했다. 그 인도인은 박 씨를 고소했고 결국 모욕죄로 형사처벌을 받았다. 재판부는 박 씨가 "특정 종교나 국적의 외국인을 혐오하는 듯한 발언을 해 피해자에게 모욕감을 느끼게 한 점"을 인정했다.[10] 모욕형 혐오표현은 이렇게 소수자(개인, 집단)에 대한 멸시, 모욕, 위협을 통해 인간의 존엄성을 침해하는 것이다. 이 말을 듣는 순간 극도의 모욕감이나 멸시감과 함께 경우에 따라서는 물리적 폭력을 당할지도 모른다는 실질적인 위협을 느낄 수 있다.

누스바움은 혐오disgust가 특정 집단을 불결하고, 냄새나고, 끈적거리는 동물적인 것으로서 열등하고 배제되어야 하는 '오염원'이라고 여기는 것이라고 했는데,[11] 이 유형의 혐오표현에 딱 들어맞는 설명이다. 예컨대 영국에서 축구선수로 활약한 박지성에게 "칭크chink(찢어진 눈이란 의미를 가진 동양인 비하어)를 쓰러뜨려!"라고 발언한 사건이나 영국의 축구선수 윌리엄 블라이싱이 나이지리아인 빅토르 아니체베에게 "저 망할 검은 원숭이!"[12]라고 했던 것처럼 어떤 인종을 동물에 비유하여 격하시키는 발언을 하는 것이 전형적인 모욕형 혐오표현이다. 일본의 혐한시위대가 "김치 냄새 난다!", "조선인은 똥이나 먹어!", "아줌마, 당신 말이야, 조선인한테 몸이나 팔아서 어쩌자는 거야!"라고 외친 것도 이 유형의 혐오표현으로 분류할 수 있다.

만약 이런 표현을 할 때 누군가가 특정된다면 한국 형법상 모욕죄로 처벌받게 된다. 모욕죄가 없는 나라에서도 민사상 손해배상을 청구할 수 있다. 2009년 박모 씨 사건도 인도인을 특정하여 욕을 했기 때문에 모욕죄로 처벌될 수 있었다. 하지만 개인이나 집단을 특정하지 않고 '조선인', '이주노동자', '무슬림', '동성애자'와 같이 소수자 집단을 향해 모욕적인 표현을 한 경우에는 적용할 만한 법규정이 없다. 그래서 소수자(집단)에 대한 멸시, 모욕, 위협을 혐오표현의 한 유형으로 분류하여 처벌하자는 주장이 제기된 것이다. 대표적으로 영국의 공공질서법Public Order Act 1986이나 뉴질랜드 인권법Human Rights Act 1993이 위협, 욕, 모욕 등을 금지하고 있다. 한국에서도 "인종 및 출생 지역 등을 이유로 공연히 사람을 혐오한 자는 1년 이하의 징역 또는 1000만 원 이하의 벌금에 처한다"라는 조항을 추가하는 (이른바 '혐오죄'를 신설하는) 법안[13]이 발의된 적이 있다.

증오선동

"G20 회의장 반경 2킬로미터 이내에는 무슬림애덜 접근 금지시켜
야 한다. 혹시나 모를 테러에 대비해서 접근 시 전원 사살해버려라."
"한국 내 서열 순위가 불체자 > 한국인인 거 같습니다. 이게 다 KKK
단 같은 인종청소주의자들이 없어서입니다."[14] 무슬림이나 외국인에
대한 대표적인 혐오표현이다.

그런데 앞서 소개한 다른 혐오표현 유형들에 비해서는 뭔가 강도
가 높아 보이고 그 해악도 중대해 보인다. 그 핵심적인 이유는 구체
적인 행동을 이끌어내려는 의도가 깔려 있기 때문이다. 성소수자에
게 "더럽다", "돌로 쳐 죽이고 싶다"[15]라고 하는 것도 단순히 욕설처
럼 들리기도 하지만, 경우에 따라 성소수자에 대한 폭력을 이끌어낼
수도 있다. 일본 재특회 시위대가 조선인 밀집 지역에 몰려 가서 외친
"조선인을 없애는 일은 해충 구제와 같다", "죽여라, 죽여, 조선인",
"착한 한국인도, 나쁜 한국인도 다 죽여라", "바퀴벌레 조선인을 몰아
내자!", "조선인 꺼져라!", "조선인을 보면 돌을 던지고 조선인 여
자는 강간해도 됩니다"라는 구호는 피해자들을 모욕하는 표현이라는
점도 문제지만 다른 일본인들에게 조선인에 대한 차별과 폭력에 '동
참'하도록 호소한다는 것이 더욱 문제다.

이러한 유형의 혐오표현을 '증오선동incitement to hatred'이라고 부른
다.[16] 표적집단에 대한 차별을 조장하거나 인격을 모독하는 것을 넘
어 제3자에게 차별을 '함께하자'고 '선동'하여 실제로 임박한 위험을
창출한다는 특징이 있다. '시민적 및 정치적 권리에 관한 국제규약'과

'모든 형태의 인종차별철폐에 관한 국제협약'에서의 혐오표현 금지 규정은 사실상 증오선동형 혐오표현을 대상으로 하는 것으로 해석되며, 유럽연합 내의 20여 개국, 호주, 뉴질랜드, 캐나다, 브라질, 콜롬비아 등에서 법으로 금지하는 유형의 혐오표현도 사실상 증오선동이라고 할 수 있다.[17] 표현의 자유를 옹호하는 아티클19Article 19라는 국제인권단체에서도 혐오표현만큼은 표현의 자유의 예외에 해당하여 처벌도 가능하다고 보고 있다.[18]

그런데 증오선동성 표현을 했다고 무조건 증오선동이 되는 것이 아니다. 실제로 어떤 폭력적 행동을 이끌어낼 가능성이 있어야 증오선동에 해당한다. 아티클19가 제시하듯이 "그 집단에 속한 사람들에 대하여 차별, 적대감, 폭력을 일으킬 수 있는 임박한 위험"을 창출하는지 여부가 핵심이다. 또한 증오선동은 의도성, 선동성 등의 구체적인 기준들을 마련할 수가 있어서 법으로 규율하기가 비교적 용이한 편이다. 법 적용이 남용되어 표현의 자유와 충돌할 가능성도 상대적으로 낮다.[19] 법치국가에서 구체적인 위험을 창출하는 행위를 규율하는 것은 이상한 일이 아니다. 때문에 혐오표현 중에 증오선동만 형사처벌이 가능한 혐오표현 유형이라고 보거나 증오선동만을 혐오표현으로 간주(혐오표현=증오선동)하자는 입장도 있다.

혐오표현 유형화의 한계

그런데 편견 조장, 모욕, 증오선동으로 혐오표현을 구분하는 것은 생각보다 간단하지 않으며, 설사 구분이 가능하다고 하더라도 어느 유형이 해악이 더 크다고 할 수 없는 경우도 많다. 한국의 개고기 문화를 비난하여 자주 구설수에 올랐던 프랑스 여배우 브리지트 바르도Brigitte Bardot는 인종차별 발언으로 여러 차례 재판을 받은 적이 있다. 실제로 그의 저서나 발언 등을 보면 이주자나 이슬람에 대한 모욕적인 발언도 있지만 이민 정책에 대한 의견을 표명했다고 볼 수 있는 부분도 있다. 그는 법정에서 "인종적 증오심을 부추긴 바 없으며, 쇠락하는 프랑스 사회에 대해 나의 의견을 표명하고 싶었다"고 주장했다. 우리의 분류에 따르자면, 자신의 발언이 편견을 조장하거나 증오를 선동한 것이 아니라 일종의 정책 제언이기 때문에 면책되어야 한다는 주장으로 해석된다.

남성 동성애자를 '똥꼬충'이라고 하거나 '패곳Faggot'[20]이라고 부른다면 멸시나 모욕에 해당하겠지만 "인간은 남녀가 결합해서 서로 사는 것이 정상이죠. 그래서 동성애에는 반대 입장이지요"[21]라는 식으로라고 말한다면 정책에 대한 의견을 제시하는 것처럼 들릴 수 있다. "김치 냄새 난다!"는 일단은 멸시와 모욕 정도로 봐야겠지만 어떤 맥락에서는 증오선동이 될 수도 있다. "외국인 노동자를 쫓아내자"라는 말은 증오선동으로, "외국인 노동자의 수를 줄이는 게 한국의 미래를 위해 바람직하다"는 편견을 조장하는 혐오표현으로 분류되겠지만 후자가 어떤 맥락에서는 더 선동적이고 폭력적인 발언이 될 수도 있다.

요컨대 특정한 표현 자체보다는 그 표현이 발화된 맥락에 대한 평가와 이해가 전제되어야 하기 때문에 유형화는 언제나 논란의 여지를 내포하고 있다. 하지만 혐오표현의 유형화는 다양한 형태로 발현되는 혐오표현의 문제를 이해하는 데 도움이 된다. 혐오표현의 개념 범위를 확정하는 데에도 참고가 될 수 있다. 또한 혐오표현의 규제를 위해서는 혐오표현을 적절히 유형화해야만, 그에 맞는 다양한 대응 방법을 적재적소에 투입할 수 있다.

4장

혐오표현의 해악

"니네 나라로 가!"

퀴어문화축제 날이었다. 성소수자 친구가 행사장 안에 있던 내게 황급히 문자를 보냈다. "반동성애 시위대를 피해서 들어갈 방법이 있을까?" "없어. 무슨 일인데?" 그는 잠시 후 행사장에 들어와 숨을 헐떡이며 이렇게 말했다. "눈 감고 뛰어들어 왔어. 시위대의 팻말을 보면 토할 것 같아서." 표정이 심각했다. 괜한 말 같지는 않았다. 이런저런 일로 교류해온 친구였지만 그가 평소 겪어온 고통이 무엇인지 그제서야 어렴풋이 느낄 수 있었다. 그 친구는 누구보다 당당하게 활동하는 성소수자 운동가다. 그런 그가 그깟 시위대를 그냥 지나치지 못해 덜덜 떨어야 하다니…….

혐오표현이란 그런 것이었다. 자신의 정체성을 송두리째 부정하는 말을 들어야 한다는 것, 그건 당사자가 아니면 쉽게 상상하기 어려운 고통이었던 것이다. 이것이 과연 실체가 없는 고통일까? 개인의 특수한 고통일 뿐일까? 그런 고통 속에서 살아야 한다면, 과연 존엄하고 평등한 시민으로서의 삶을 살아간다고 할 수 있을까? 다른 소수자의 경우도 마찬가지다. 어떤 범죄가 정신병자의 소행이라는 식의 보도가 나오면 "나다니지 못하게 해라", "병원에 가둬라"는 식의 댓글이 수없이 달린다. 그 댓글을 본 어느 정신장애인의 반응은 생각보다 심각했다.

"불쾌한 정도가 아니고……. (말 멈춤) 억울하고, 내가 그 범죄자가 된 기분이 들고요……. 숨고 싶고 음……. 또 죽고 싶어요. 이렇게 범죄…… 정신장애인의 범죄가 이토록 많은 세상이라면 내가 이 땅에서 누구한테 인정받겠나. 차라리 죽고 말지. 정신병원 안도 감옥이고 바깥세상도 감옥이죠. 옛날에 간첩 관리하듯이 정신장애인을 관리하는 식이 되어버린 거죠."[1]

한 청소년 성소수자는 성소수자에 대한 왜곡된 정보가 자신을 "피폐하게" 만들고, "정신적으로 갉아먹는"다고 표현했다.

"온라인상에 왜곡된 정보가 많아요. 그래서 저는 그런 잘못된 정보가 하나하나 보일 때마다 반박을 해요. 포털사이트 뉴스에 댓글로 달린 혐오표현을 보고 반박하는 말을 달면 바로 제 댓글을 향해 댓글이 달리죠. '네, 다음 게이~'라고. 그러니까 댓글에 반박 댓글을 단 사람은 모두 게이라고 비하하는 말인데요. 누구든 성소수자의 인권을 옹호하는 말을 쓰면 '네, 다음 게이' 하고 댓글이 바로 달려요. 저는 열심히 대처한다고 하고 있지만, 이런 일들을 겪으면서

'아…… 괜찮아질까? 나 때문에 뭐 바뀌는 것이 있을까?' 싶죠. 온라인의 혐오표현은 저를 점점 피폐하게 만들어요. 정신적으로 갉아먹는 것 같다고 할까요? 힘이 빠져요."[2]

이 정도가 아니라 아예 면전에서 "이 더러운 ○○야", "돌로 쳐 죽이고 싶다"와 같은 말을 듣게 된다면 어떨까? 이러한 소수자들의 고통을 단순히 불쾌함, 불편함 정도로 설명할 수는 없을 것이다. 이 정도면 구체적으로 입증 가능한 심리적 '해악'을 입은 것이라고 할 수 있다.

타인에게 '해악harm'을 가하는 행위를 규제하는 것은 동서고금의 대원칙이다. 함무라비법전, 모세의 10계, 고조선의 8조법도 타인에게 해악을 끼치는 행위(살인, 절도, 상해 등)를 처벌한다. 자유주의의 관점에서도 자유가 극대화되어야 하지만 해악이 있다면 규제를 해야 한다는 '해악의 원칙harm principle'이 주창된다.[3] 거짓말을 하는 것 자체는 자유지만 그 거짓말이 타인의 재산에 손해를 끼친다면 사기죄로 처벌한다. 직접적으로 싸움을 유발하거나 폭력을 촉발하는 표현이라면 그것은 물리적 해악과 직접적인 연관이 있기 때문에 역시 규제가 가능하다. 타인의 명예를 훼손하는 표현 역시 실질적 해악이 있다고 간주된다. 혐오표현에도 이러한 해악이 있다면 규제 대상이 될 수 있다.

연구자들은 혐오표현의 해악을 대략 세 가지로 설명한다. 첫째, 혐오표현에 노출된 소수자 개인 또는 집단이 '정신적 고통'을 당한다. 둘째, 혐오표현은 누구나 평등한 사회 구성원으로 살아가야 한다는 '공손의 조건'을 파괴한다. 셋째, 혐오표현은 그 자체로 차별이며, 실제 차별과 폭력으로 이어질 수 있다. 그렇다면 각각의 해악에 대해 차례로 살펴보자.

정신적 고통

먼저 혐오표현이 초래하는 정신적 고통에 대해서는 수많은 경험연구가 이미 진행되어왔다. 국내외의 여러 연구에 따르면, 혐오표현에 노출된 소수자들이 편견, 공포, 모욕감, 긴장, 자신감·자부심 상실, 자책 등으로 고통받고 자살로 이어지는 경우까지 있었다고 한다.[4] 2016년 국가인권위원회 연구에서도 혐오표현 피해를 입은 소수자들이 낙인과 편견으로 인해 일과 학업 등 일상생활에서 배제되고 두려움, 슬픔, 지속적인 긴장, 무력감, 자존감 손상으로 인한 자살 충동, 우울증, 공황 발작, 외상 후 스트레스 장애 등 다양한 고통을 호소하고 있는 것으로 나타났다. 혐오표현 연구자들은 이러한 혐오표현을 "영혼의 살인"[5] 또는 "말의 폭력"[6]으로서 그 해악을 "표적집단에 속한 자들의 복부를 때린다"[7], "(특히 면전 모욕의 경우) 따귀를 때린 것과 마찬가지다"[8]라고 묘사하곤 한다.

특정 개인이 당한 정신적 고통은 모욕죄, 명예훼손죄, 민사상 손해배상 등으로 구제받을 수 있다. 예를 들어, 누군가를 지목하여 그의 인종이나 출신국가를 들먹이며 욕설을 했다면 현행법상 모욕죄가 적용될 수 있다. 집단의 경우라도 그냥 '교수'가 아니라 '○○대학 ○○과 교수'로, 단순히 '기자'가 아니라 '○○일보 기자' 정도로 특정하여 모욕을 했다면 처벌이 가능하다.

문제는 상당수의 혐오표현은 어떤 집단이나 개인을 특정하지 않는다는 것이다. 장애인 A에게 "그 꼴을 하고 밖에 나오면 창피하지도 않나?"라고 구체적으로 지칭하여 모욕을 가하기도 하지만, "장애인은 집 밖으로 나다니지 말라"는 시위를 벌였다면 구체적인 개인이 모욕을 당한 것은 아니다. 다만, 장애인이라는 소수자 집단이 '집단적으로' 모욕을 당했다고 할 수는 있다. 혐오표현금지법이 별도로 필요한 이유는 이렇게 소수자 집단 자체를 지칭하여 모욕하거나 명예를 훼손한 경우를 규율하기 위해서다.[9]

실제로 혐오표현이 누군가를 지칭했건 아니건, 그 해악은 소수자 집단 전체에게 미친다. 혐오표현의 해악이 이렇게 '전염성' 또는 '집단성'을 가지고 있기 때문에 혐오표현은 일종의 '집단 명예훼손group defamation' 또는 '집단 모욕죄'의 성격을 가지고 있다.[10] 어떤 면에서 혐오표현은 일반적인 모욕이나 명예훼손보다 그 해악이 크다고도 할 수 있다. 그 해악이 개인만이 아니라 소수자 집단 전체에게 미치기 때문이다. 예를 들어, "냄새 나는 외국인 노동자들은 지네 나라로 갔으면 좋겠다"는 내용이 방송되었다면 이 말 때문에 고통받는 것은 외국인 노동자 전체다. '집단'으로서의 외국인 노동자가 고통을 받는 것이다. 표적이 된 소수자 집단은 역사적으로 핍박받고 차별받아온 역사를 공유하고 있기 때문에 해악도 '집단적'이다.

"○○대학 ○○학과 교수들은 바퀴벌레 같은 놈들이다"라고 했을 때 여기 지칭된 교수들이 모욕당하지 않을 권리를 법으로 보호해야 한다면 "봉남아시이 노동자들은 바퀴벌레 같은 놈들이다"라고 했을 때 그 노동자들의 모욕감은 무시해도 되는 것일까? 더욱이 외국인 노동자들이 역사적·사회적으로 차별받아온 역사와 현실을 고려할 때 그 파괴력과 파급력을 가벼이 여겨도 되는 것일까? 아무런 역사적 맥락 없이 누군가를 모욕하는 것을 처벌하면서 이미 차별받고 있는 집단에게 또 한 번 상처를 입히는 발언은 내버려둬도 되는지를 묻고 있는 것이다.

공존 조건의 파괴

직장에서 자신의 화장실 이용 문제를 해결해달라고 요구했다가 수시로 혐오표현을 들어야 했던 한 트랜스젠더의 얘기다.

"사장님도 제게 '다수를 이기려 들지 말고 일해라'라고만 하는 거예요. 그만둘 때 사장님이 '너만을 위한 화장실을 만들어줄 생각이었다'고 했지만 조그만 회사 건물에 저만 쓰는 화장실을 어떻게 만들겠어요. 제가 저만의 화장실을 원했던 것도 아니고요……. 매번 화장실에 다녀올 때마다 직원들이 수군수군대고 다들 저를 정신병자처럼 바라보고……. 연봉 협상을 할 때 회사를 그만둔다고 했어요."[11]

그리고 그는 화장실 문제 해결을 요구한 지 7개월 만에 회사를 사직해야만 했다. 한편 직장에서, 거리에서 일상적으로 혐오표현을 겪

말이 칼이 될 때

으며 살아가는 한 이주민은 이렇게 말했다.

"전철서 술 취한 아저씨가 타더니 저한테 '니네 나라로 가' 이러는 거예요. 제가 '여기가 내 나라인데요'라고 답하고 '내가 왜 이런 대화를 하고 있나', '더 이야기를 해야 하나', '전철서 내려야 하나', '다른 칸으로 이동할까' 하고 고민하는 거죠. 다행히 제 앞에 앉은 아저씨가 말려줬죠. 이런 일은 정말 많아요. 기억 속에서 다 지우고 싶죠. 어떨 때는 진짜 한국에서 살기 싫어질 때가 있어요. 계속 긴장하고 이렇게 살아야 하나, 그건 싫다. 누구도 이주민으로, 이런 식으로 대우받으며 살고 싶지는 않을 거예요."[12]

이렇게 일상적으로 지속적인 긴장감을 느끼며 살아가다 보면 일상적인 사회생활에 지장을 받을 수밖에 없다. 실제로 혐오표현의 피해를 당한 소수자들은 혐오표현이 이사, 이민, 사직, 이직, 중퇴, 전학, 휴학 등 '일과 학업'에 부정적 영향을 주었다고 증언한다.[13]
이것은 혐오표현이 소수자들을 사회에서 배제한다는 것, 특히 학교나 직장 등에서 자기계발과 사회참여를 어렵게 만든다는 점을 잘 보여준다. 동남아 외국인 노동자를 조롱·모욕하는 TV 프로그램이 연일 방송된다면 그들은 회사나 학교생활에서 위축될 수밖에 없다. 동료들도 자신을 그렇게 바라보고 있을 것이라는 생각이 머리를 떠나지 않기 때문이다. 학교나 회사에서 동성애자를 모욕하는 농담이 아무렇지 않게 난무하고 동료들도 매번 낄낄거리며 웃는 상황에서 동성애자들은 자신이 동성애자라는 사실이 드러날까 전전긍긍할 수밖에 없다. 이런 상황에서 비동성애자와 평등하게 사회생활을 할 수 있다고 보기는 어렵다. 놀림과 따돌림의 대상이 되고 극단적으로는 자살 충동을 느끼는 경우도 결코 배제할 수 없다.

이것은 혐오표현이 소수자들이 시민으로서 함께 살아갈 수 있는 '공존의 조건'을 파괴한다는 점을 보여준다. 혐오표현의 해악을 치밀하게 논증한 제러미 월드론Jeremy Waldron은 혐오표현이 한 사회의 동등한 구성원으로서의 존엄한 삶을 파괴하고 다양한 정체성을 가진 구성원이 함께 살아가야 한다는 '공공선public good'을 붕괴시킨다고 지적했다.[14] 그는 혐오표현 규제가 "모욕, 불쾌감, 상처를 주는 말로부터 사람들을 보호하는 것"이 아니라 "포용의 공공선과 정의의 기초에 관한 상호 확신의 공공선"을 지킨다는 점에 주목한다.[15] 월드론이 말하는 공공선은 사회의 각 구성원들이 자유롭고 평등하게 살아갈 수 있는 공존의 조건을 말한다. 각 구성원들은 자신의 속성이 무엇이든 적대, 배제, 차별, 폭력을 당하지 않고 여러 구성원들과 함께 더불어 살아갈 수 있다는 점을 신뢰할 수 있어야 한다. 이러한 공존의 조건 하에서 모든 구성원은 "사회의 구성원으로서의 정상적인 자격", 즉 존엄한 존재로서의 "사회적 지위"를 보장받고 살 수 있다는 "확신"을 가져야 하는데, 혐오표현은 이러한 "포용의 공공선"을 파괴하는 것이다.[16]

월드론은 혐오표현이 어떤 사회적 환경이나 상황을 창출한다는 점에 주목한다. 혐오표현이 만연한 환경에서는 소수자들이 '이 사회에서 평등한 대우를 받으며 살 수 없다'고 생각할 수밖에 없다. 적대, 폭력, 배제의 위협을 받지 않는다는 '확신'을 가질 수도 없다. 또한 월드

말이 칼이 될 때

론은 존 롤스John Rawls의 정치철학에 바탕해 질서정연한 공정한 사회에서 각 개인들은 서로가 서로를 어떻게 대우하고 대우받을지에 관한 확신을 가지고 있어야 한다고 주장한다. 즉 "모든 이들은 평등한 인간이고, 인간성의 존엄을 가지며, 모든 이들은 정의에 관한 기초적인 권한을 가지며, 모든 이들은 폭력, 배제, 모욕, 종속의 가장 지독한 형태로부터 보호받을 자격이 있음에 관한 확신"[17]하는 것이 정의의 중요한 기초인데, 혐오표현은 이 기초를 붕괴시킨다는 것이다.

혐오표현이 공존의 조건을 파괴한다면 이것은 헌법적 가치인 '인간 존엄', '평등', '차별로부터 자유로울 권리', '연대성' 등을 훼손하는 것이다.[18] 표현의 자유도 중요하지만 표현이 이러한 가치들을 파괴한다면 표현의 자유가 우선시될 수는 없다.[19] 만약 혐오표현이 소수자를 사회에서 실질적으로 배제하고 청중들을 차별과 배제에 동참하도록 유도하는 등의 현실적 해악을 가지고 있다면 평등과 인간 존엄 등 다른 헌법적 가치의 수호를 위해 혐오표현을 규제해야 할 것이다.

혐오의 피라미드

일부 국가에서는 혐오표현을 곧바로 차별행위로 간주한다. 혐오표현이 차별을 조장하거나 확산시키거나 지시하기 때문에 그 자체로 차별행위가 성립한다는 것이다. 혐오표현이 곧 차별행위인 것은 아니라고 해도 혐오표현이 차별이나 폭력으로 이어질 수 있다는 점까지 부정하기는 어렵다. 차별이나 폭력은 명백한 불법이므로, 혐오표현은 최소한 불법의 전단계로 간주될 수 있다. 증오범죄가 발생했다면 그 사회에는 반드시 편견과 차별이 있고 혐오표현이 난무했을 것이다. 이러한 배경 없이 증오범죄가 갑자기 발생하는 경우는 없다.

미국이나 유럽에서 활동 중인 이른바 '혐오조직hate group'들은 혐오 담론을 유포시키기도 하고 조직적인 폭력을 행사하기도 한다. 편견, 혐오표현, 차별, 폭력은 같은 맥락에 놓여 있기 때문이다. 어떤 표적 집단에 대해 더럽고 불쾌하여 배제하고 싶다는 생각을 거리낌 없이 표현할 수 있다면 그들을 차별하는 것은 당연한 일이 되어버리고, 여차하면 물리력을 행사할 수도 있다. 그래서 많은 연구자들은 편견, 혐오표현, 차별, 증오범죄 등에 하나의 맥락에서 접근한다. 편견의 발현이 표현인지 폭력인지로 갈릴 뿐, 그 원인과 배경은 동일하다는 것이다. 이 점을 잘 보여주는 것이 바로 84쪽의 '혐오의 피라미드'다.

그림의 가장 하단에 있는 것은 편견이다. 머릿속을 들여다볼 수 없기 때문에 편견 자체가 규제의 대상이 될 수 없다. 근본적인 문제 해결을 위해서는 편견을 해소해야겠지만 이것은 편견에 대한 직접적인 규제가 아니라 편견이 싹틀 수 없도록 사회문화적, 정치경제적 배경을 조성하는 것으로 접근해야 할 문제다. 편견을 밖으로 드러내면 그것이 바로 혐오표현이다. 편견은 고용, 서비스, 교육 등의 영역에서 실제 차별로 이어지기도 하고, 편견에 기초한 폭력으로 이어지기도 한다. 전자는 '차별행위'이고, 후자는 '증오범죄hate crime'라고 불린다. 어떤 소수자 집단에 대해 차별을 말할 수 있고 이를 실행에 옮길 수 있는 사회에서는 그들에게 집단적인 린치를 가할 가능성도 생긴다. 이는 제노사이드와 같은 대규모 인권 침해로 이어지기도 한다. 세

말이 칼이 될 때

계적으로 소수자에 대한 증오, 편견을 바탕으로 살인, 강간, 폭행 등의 범죄를 저지르는 증오범죄의 심각성이 지속적으로 보고되고 있다.

비슷한 맥락에서 '부정적 발언antilocution' → 소수자에 대한 '기피' → 고용, 학교 등에서의 실제 '차별' → 소수자에 대한 '물리적 공격' → 제노사이드 같은 대량 학살이 발생하는 '절멸'의 단계를 제시한 '올포트 척도Allport's Scale'[20], 범주화 · 상징화 · 비인간화 · 조직화 · 양극화 · 준비 · 절멸 · 부인으로 이어진다는 '제노사이드 8단계론'[21] 등도 제시됐다. 편견이 물리적 폭력으로 이어질 수 있다는 가능성에 주목한 이론들이다. 이러한 분석들이 혐오표현의 단선적인 진화를 보여주는 것은 아니지만 혐오표현과 폭력의 상관관계는 표현 단계에서 예방적, 선제적 조치가 필요하다는 주장의 근거가 될 수 있다.

혐오표현이 잠재적 가해자들 사이에서 확산성이 있다는 점도 혐오표현의 해악을 가중시킨다. 명예훼손이나 모욕은 특별히 전염성이 있는 건 아니다. 하지만 혐오표현은 다르다. 역사적 뿌리를 가지고 있는 혐오감정과 차별적 편견이 권력욕이나 경제적 궁핍, 사회불만 등과 결합되어 문제의 원인을 소수자에게 전가하고 희생양을 만들기도 하고, 혐오이데올로기가 후대에 전승되어 사회에 뿌리박히고 혐오조직의 결성으로 이어지기도 한다.[22]

편견을 가지고 있다고 해서 누구나 그것을 내뱉는 것은 아니다. 하지만 옆 사람이 그런 말을 하는 것을 듣는 순간 얘기가 달라진다. "어라, 저렇게 말해도 괜찮네." 한 사람, 두 사람 거침없이 혐오를 드러내기 시작하고 어느 순간 더욱 강도 높게 말하는 것이 인기를 끌게 되어 혐오표현에 대한 비판적 문제의식을 무력화시키기도 한다. 그러면서 혐오표현은 점차 확대·강화되고 활개를 치게 된다. 이러한 혐오 표현의 전염성을 '선동'으로 설명하기도 한다. 증오선동은 혐오표현의 가장 극단적인 형태로 간주된다. 이러한 혐오표현의 전염성은 일반적인 모욕과 명예훼손에서는 찾아보기 어렵다. 이런 상황에서 모욕과 명예훼손으로 인한 손해는 법으로 보호하고, 혐오표현으로 인한 고통을 무시하는 건 누가 봐도 모순된다. 그 해악의 정도나 확장성, 위험성 등을 고려하면 오히려 혐오표현이야말로 가장 시급히 규제되어야·할 문제라고 할 수 있다.[23]

혐오표현의 해악은 단순히 관념 속의 상상이거나 개인적인 불쾌감을 말하는 것이 아니다. 혐오표현이 구체적으로 입증 가능한 고통과 사회적 배제를 낳고 있으며, 혐오가 차별과 폭력으로 이어졌던 역

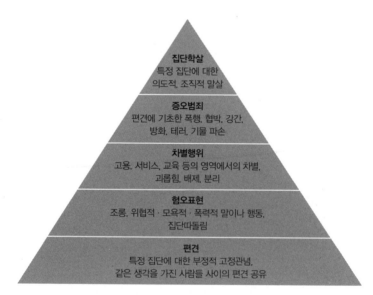

표2. 혐오의 피라미드[24]

사적 경험 또한 무시할 수 없다. 그렇다면 이제 혐오표현 대응에 관한 선택지는 두 가지로 좁혀진다. 혐오표현의 해악을 억제하기 위해 모종의 개입을 옹호하거나, 아니면 규제나 개입 없이-예컨대 더 많은 표현에 의해, 사상의 자유시장에서-혐오표현의 해악이 퇴출될 수 있다고 주장해야 한다. 제3의 길(?)도 있다. 혐오표현이 초래하는 해악의 실체를 애써 부정하는 억지를 부리면 된다.

영화 〈청년경찰〉은 혐오를 조장했는가?

2017년 여름, 중국 동포들이 대림역 앞에서 영화 〈청년경찰〉의 상영을 금지하고 영화 제작사의 사과를 요구하는 시위를 벌였다. 중국 동포 관련 단체장과 대림동 지역 주민 단체장 등 각계 인사들이 '대림동&중국 동포 비하 영화 〈청년경찰〉 공동대책위원회'를 결성하고 법적 대응과 함께 국가인권위원회에 진정을 하겠다는 입장을 밝혔다.

늘 중요한 것은 맥락이다. 영화적 소재로 이해하거나 웃어넘길 수 없는 사회적 맥락이 있는지를 살펴봐야 한다. 〈황해〉(2010), 〈공모자들〉(2012), 〈신세계〉(2012), 〈해무〉(2013), 〈숨바꼭질〉(2013), 〈권법형사: 차이나타운〉(2015), 〈아수라〉(2016) 등에 이어 흥행에도 크게 성공한 〈범죄도시〉(2017), 〈청년경찰〉(2017)까지 중국 동포나 조선족을 다룬 한국 영화에서 그들은 늘 부정적인 이미지로 그려졌다. 단순히 부정적인 이미지 정도가 아니라 잔인한 폭력을 일삼는 해결사나 폭력배로 등장하기 일쑤였다.

여기에 일부 언론에서 조선족과 중국인의 범죄를 선정적으로 보도해온 행태까지 겹치면서 중국 동포나 조선족에 대한 부정적인 고정관념은 더욱 강화되었다. 실제로 주요 포털 사이트에 조선족과 중국인의 범죄 기사가 올라오면 노골적인 혐오성 댓글이 줄지어 달린다. 2016년 동북아평화연대와 코리아리서치센터가 청년 세대 (20~35세)를 대상으로 설문조사를 실시한 결과, 94퍼센트가 "한국 인들이 조선족에 대한 부정적 인식을 가지고 있다"고 답했다. '이 주민'의 스테레오타입을 묻는 조사에서는,[25] 시골, 노총각, 매매혼, 국제 결혼, 사기 결혼, 어린 여자, 이혼, 며느리, 막노동, 식당 아줌 마, 돈 벌러 옴, 고생, 가난, 공장, 불행, 마름, 손때, 투박, 목 늘어난 셔츠, 굳은살, 때, 거친 피부, 촌스러움, 납치, 광대뼈, 몸뻬 바지, 까 만 피부, 까무잡잡, 후줄근, 작은 체구, 싼티, 악취, 향신료, 냄새, 불 쌍, 꺼려짐, 싫음, 무서움, 경계, 우울, 불쾌, 불쌍함, 지저분함, 사고, 납치, 회칼, 범죄자, 범죄 뉴스, 청년경찰, 오원춘, 무법자, 동포, 장 기매매, 중국, 동남아, 조선족, 이슬람, 선량, 착함, 연변 사투리, 위 축, 시끄럽다, 우리말 못함, 순박, 어눌한 말투 등 부정적인 이미지 로 가득했고 이 중 상당수는 중국 동포나 조선족을 염두에 두고 있 음을 눈치챌 수 있다.

관객수 500만 명을 돌파한 〈청년경찰〉이 문제가 되었지만 실은 그동안 누적되어온 불만이 〈청년경찰〉을 계기로 폭발했다고 보는 것이 옳다. 중국 동포들이 분노하고 항의하는 것은 자연스러운 일 이다. 차별받아온 역사를 가진 소수자로서 편견과 차별을 조장하는 영화를 보고도 그냥 참고만 있다면 그게 오히려 이상한 일이다. 이 런 상황에서 "영화는 영화로만 봐달라"는 요청이 통할 리 없다. 중 국 동포들의 항의를 진지하게 받아들여야 한다는 것이다.

물론 어떤 특정 영화를 혐오 영화로 낙인찍거나 상영 중지 등의 강경한 조치를 취하는 것은 간단한 문제가 아니다. 일례로, 〈범죄도

시〉의 경우 특정 지역과 중국 동포에 대한 부정적인 인식을 조장할 우려가 없는 것은 아니지만 영화 속에서 조직폭력배와 선량한 상인들이 분리되어 있기 때문에 중국 동포 집단에 대한 편견을 조장했다고만 보기에는 어려운 부분이 있다. 〈청년경찰〉의 경우 좀 더 노골적으로 특정 지역에 거주하는 중국 동포를 직접 지칭하는 대목이 있기는 하지만 전체적으로 보면 영화는 경찰대 학생들의 좌충우돌식 영웅담에 초점이 맞춰져 있다고 볼 여지가 있다. 실제로 영화 제작진들은 편견을 조장할 의도는 없었다고 해명한다.

하지만 혐오표현의 문제에서 저자의 의도는 (그를 형사처벌할 것이 아니라면) 중요한 고려 대상이 아니다. 나쁜 의도가 없었다고 하더라도 나쁜 효과를 낳고 있다면 그 자체로 문제가 될 수 있다. 중국 동포들에게 영화를 영화로 봐달라고 요구하기 이전에 그들이 영화를 영화로만 볼 수 없게 된 사정을 헤아려야 한다. 영화와 같은 예술에서 조롱이나 희화화는 흔한 일이다. 하지만 그 집단이 사회적 강자나 권력자가 아닌 소수자일 때는 얘기가 다르다. 그 부정적 효과를 충분히 고려하고 성찰하는 것은 예술의 영역에서도 반드시 필요한 윤리다.

다만 이런 문제에 영화 상영 허용 또는 금지와 같은 이분법으로 접근하는 것은 문제의 지형을 협소화시킬 우려가 있다. 표현과 창작의 자유가 보장되어야 하는 예술과 문화의 영역에서 손쉽게 '규제' 카드를 꺼내든다면 얻는 것보다 잃는 것이 많을 수 있다. 외부로부터의 강제적 개입은 영화의 자율성을 해칠 수 있다. 이는 되도록 피해야 할 선택지다.

그보다는 영화인들 스스로가 혐오의 문제를 본격적인 의제로 삼아보면 어떨까? 영화에서 다뤄지는 소수자의 문제, 혐오의 문제에 대해 열띤 토론을 벌이고 공감대도 형성하다 보면 자연스럽게 영화에서 소수자를 다룰 때의 윤리가 형성될 수 있을 것이다. 무엇보다 우리 영화가 그동안 소수자를 다뤄온 방식이 너무 편의적이지 않았는지 생각해볼 필요가 있다. 비하 의도가 없었음을 항변할 것이 아니라 의도하지 않는 부정적 효과에 너무 무심하지 않았는지 반성해볼 필요가 있다는 것이다. 이런 공론화의 과정은 그 어떤 규제보다도 효과적일 것이다. 나는 우리 영화계가 그 정도의 역량은 충분히 있다고 생각한다.

5장

혐오표현과
증오범죄

"나는 우연히 살아남았다"

2015년 6월, 미국 사우스캐롤라이나주 찰스턴의 한 교회에서 총기
난사로 아홉 명의 흑인이 사망했다. 범인은 21세의 백인이었고 흑인
을 의도적으로 겨냥한 것으로 알려졌다. 우리도 외신을 통해 흑인 등
소수자를 겨냥한 잔혹 범죄가 종종 발생한다는 소식을 접하고 있고,
이를 '증오범죄' 또는 '혐오범죄'라고 부른다는 사실도 널리 알려져
있다. 특히 도널드 트럼프가 미국 대통령에 당선된 이후 히스패닉, 흑
인, 무슬림 같은 소수인종이나 성소수자 등을 겨냥한 혐오표현이 늘
었고 소수자에 대한 물리적 폭력도 증가했다고 한다. 미국 남부빈민
법센터Southern Poverty Law Center에 따르면 트럼프 당선 이후 수백 건이 넘
는 증오범죄 신고를 받았으며, 성소수자 단체들에 걸려온 증오 관련
신고 전화도 사상 최고 수준에 달했다고 한다.

증오범죄란 장애, 인종, 종교, 성적 지향, 성별, 성별정체성 등에 근
기한 적대 또는 편견이 동기가 된 범죄를 뜻한다. 즉 폭행, 살인 등 기

존의 범죄를 저지르는 '동기'가 편견bias motive에 기반했을 경우, 증오범죄라고 부르는 것이다. 즉 그냥 때리면 폭행이지만 상대가 여성이라는 이유로, 무슬림이라는 이유로, 동성애자라는 이유로 때리면 증오범죄가 되는 것이다. 대개는 그 이유로 인종, 성적 지향, 종교, 장애, 성별 정체성, 젠더 등이 언급되는데, 개별 국가의 특수한 사정에 따라 교육, 직업, 정치관계, 이데올로기 등이 이유가 되는 경우도 있다.

2015년 미국 FBI의 통계를 보면 연간 5818건의 증오범죄 가운데 인종을 이유로 하는 경우는 59.2퍼센트, 성적 지향은 17.7퍼센트, 종교는 19.7퍼센트, 젠더정체성은 1.7퍼센트, 장애는 1.2퍼센트, 젠더는 0.4퍼센트를 차지했다.[1] 2014년과 2015년 영국(잉글랜드, 웨일스) 정부의 통계에 따르면, 5만 5528건의 증오범죄 가운데 인종을 이유로 하는 경우가 82퍼센트, 성적 지향은 11퍼센트, 종교는 6퍼센트, 장애는 5퍼센트, 트랜스젠더는 1퍼센트를 차지했다.[2] 범죄 대상이 사람이 아닌 경우도 있다. 예컨대 무슬림에 대한 증오로 텅 빈 이슬람 사원에 테러를 하는 것도 증오범죄다. 서울대의 성소수자 환영 현수막을 훼손한 사건도 증오범죄로 분류될 수 있다. 2015년 미국에서는 소유물에 대한 증오범죄가 연간 2338건 발생했다.

증오범죄란 무엇인가

앞서 말했듯이 증오범죄 여부를 가리는 것은 '편견의 동기'다. 예컨대 "피해자나 피해자가 속한 집단의 평판이나 명예를 손상하는 성질을 가진 쓴 것, 말한 것, 상징, 대상 또는 행위가 범죄에 선행되었거나 수반되었거나 뒤따른 경우"(프랑스 형법 132-76, 132-77조), "가해자가 범죄를 행하거나 행하기 직전 또는 직후에 피해자를 향해 피해자의 인종적, 종교적 소속 집단에 근거한 적개심을 드러낸 경우"(영국 범죄와 질서파괴법 28조), 증오범죄로 간주된다. 증오범죄는 어떤 집단에 대한 편견으로 발생하는 것이기 때문에 범죄 대상은 그 집단 구성원 중에서 선택된다. 누군가가 특정되기도 하지만 무작위로 선택되기도 한다. 사람이 아니라 그 집단을 상징하는 건물이나 물건을 대상으로 할 수도 있다. 그래서 증오범죄가 발생하면 그 집단 구성원들이 집단적으로 "나도 범죄 대상이 될 수 있다"는 공포에 휩싸이게 되는 것이다. 그런 점에서 증오범죄는 이른바 '묻지 마 범죄'와는 다르다. 그냥 '아무나'가 아니라 편견 때문에 표적집단 구성원 중 누군가가 대상이 되기 때문이다.

그렇다면 편견 동기가 있는지는 어떻게 알아낼까? 사람의 마음속에 들어갈 수는 없으니 동기를 추정하는 수밖에 없다. 먼저 범죄 대상이 특정 소수자이거나 어떤 상징적인 장소라는 것이 증거가 될 수 있다. 예컨대 무슬림 사원에 돌을 던졌다면 무슬림 증오에 기초한 범죄임을 의심해볼 수 있다. 왜 하필 무슬림 사원을 대상으로 택했는지가 중요한 단서가 된다. 2016년 6월 미국 플로리다주 올랜도에서 50명의 사망자를 냈던 총기 난사 사건의 경우 '펄스'라는 게이 클럽을 범행 장소로 삼았다는 점에서 증오범죄 여부가 의심되었다. 범죄 전후의 정황도 중요하다. 범죄 발생 이전에 주변 사람들과 주고받은 말, 최근에 읽은 책이나 관람한 영화, 자주 들르는 인터넷 사이트 등이 중요한 단서가 된다. 증오집단에 가입해 있었다거나 범행 후에 어떤 선언문을 낭독했다면 더욱 결정적인 근거가 된다. 혐오단체가 조직적으로 증오범죄를 저지르는 경우도 많다. 미국 남부빈민법센터에 따르면 미국의 혐오조직 수는 917개에 달한다.[3]

내가 될 수 있다는 공포감

그렇다면 왜 증오범죄를 특별히 이슈화하는 것일까? 혐오표현과는 달리 증오범죄는 증오범죄로 분류되지 않아도 그 자체로 처벌하는 범죄인데도 말이다. 가장 큰 이유는 증오범죄의 해악이 중대하기 때문이다. 증오범죄는 피해자 집단에게 '너희들도 피해자가 될 수 있다'고 경고하는 것이나 다름없다. 이는 피해자 집단이 평등한 사회 구성원이 아님을 선언하는 것이며, 차별과 배제를 공공연하게 예고하는 것이다. 예컨대 성소수자 환영 현수막을 훼손한 것은 '이곳은 성소수자가 평등하게 대우받을 수 있는 곳이 아니'라는 점을 알리기 위해서다. 그렇게 직접 '말'할 수도 있겠지만 현수막 훼손이라는 '범죄'를 통해 상징적으로 표현한 것이다. 실제로 증오범죄가 발생하면 그 피해자들은 '집단적으로' 피해를 공유한다. 자신도 언제든 피해의 당사자가 될 수 있다는 사실에 극심한 공포감을 느끼고 위축된다. 혐오표현이나 증오범죄의 파급력은 상당히 유사하다.

편견, 혐오, 혐오표현, 그리고 증오범죄는 서로 밀접하게 연관되어 있다. 혐오표현을 하는 사람이 증오범죄도 저지른다. 혐오조직에서는

말이 칼이 될 때

혐오도 유포하고 증오범죄도 계획한다. 혐오가 있는 사회에서는 혐오 표현도 나타나고 증오범죄도 빈발하기 마련이다. 혐오표현은 편견을 말이나 상징으로 표현하는 반면 증오범죄는 물리적인 폭력을 행사한 다는 차이가 있을 뿐이다. 따라서 혐오표현과 증오범죄는 표출 형태만 다를 뿐, 원인과 배경이 동일하기 때문에 같은 맥락에서 이해되어야 하며, 그 대응책도 겹치는 부분이 많을 수밖에 없다. 그래서 혐오표현과 증오범죄는 같은 맥락에서 다뤄져야 한다.

강남역 사건과 여성증오범죄

한국 사회에서 증오범죄에 관한 논쟁은 2016년 강남역 여성 살해 사건을 계기로 촉발되었다. 이 사건이 '여성증오범죄'인지 여부에 대해서는 논란이 있었는데, 증오범죄인지 여부를 따지기 위해서는 범행 전후의 정황이나 가해자의 과거 행적 등을 근거로 범죄의 원인이 여성에 대한 편견에 기반했는지를 살펴봐야 한다. 사건 전후 정황에 대한 충분한 정보가 없는 상황에서 여성증오범죄라고 단언하기는 어렵지만, 이 사건이 일반적인 증오범죄사건과 비슷한 흐름으로 전개되었다는 점은 분명하다. 증오범죄는 피해자가 속한 집단에게 차별과 폭력에 노출될 수 있음을 경고하는 것이고, 이에 따라 피해자가 속한 집단이 집단적으로 공포에 휩싸이게 되는 것인데, 강남역 여성 살해 사건 이후 여성들이 보인 반응은 이와 동일했다. 누군가가 남긴 메모, "나는 우연히 살아 남았다"는 이 사건의 본질을 정확히 보여주는 것이었다. 또한 이 사건이 여성에 대한 편견, 차별, 폭력의 맥락에서 발생한 것이고, 이 사건을 계기로 그러한 여성 관련 이슈들이 제기되기 시작했다는 점에서, 이 사건을 여성혐오적 맥락에서 읽어내야 하는 이유는 충분해 보인다. 엄밀한 법적, 범죄학적 기준에 따른다면 이 사건을 증오범죄로 분류하기 어렵다고 해도, 이 사건이 여성혐오의 맥락을 가지고 있고, 증오범죄적 성격을 띤 범죄라고 보는 것에는 무리가 없다. 그렇다면 법적 정의와 무관하게 사회적인 의미에서 이 사건을 '여성증오범죄'라고 명명하는 것도 충분히 가능할 것이다(100쪽, '지금, 여기' 한국의 혐오 논쟁 3에서 자세히 다룰 예정이다).

우리 사회의 '입장'이 필요하다

증오범죄에 대한 가장 직접적인 대책은 증오범죄법 제정이다. 다른 주요 국가들이 채택한 방식이다. 증오범죄법 제정의 가장 큰 이유는 증오범죄의 가시화다. 보통은 증오범죄를 가중처벌하여 가시화하지만,[4] 증오범죄통계를 집계하고 대책을 마련하도록 법에 정해 가시화하는 방법도 있다.[5] 법을 통해 증오범죄의 심각성에 대한 사회적 인식을 제고하고, 국가가 증오범죄에 적극적으로 대응하고 있다는 메시지를 줌으로써 사회를 안정시키는 것이다. 이론적으로는 증오범죄가 피해자에게 더 큰 상처를 주고, 사회에 대한 해악도 더 크며, 범죄자의 편견 동기가 그 자체로 더 비난 가능성이 크기 때문에 증오범죄를 가중처벌하는 것이 정당화된다.

말이 칼이 될 때

하지만 증오범죄법 제정보다 더 중요한 것은 증오범죄에 대한 우리 사회의 입장이다. 증오범죄법 제정은 편견, 차별, 혐오에 맞서 모든 사람의 존엄이 보장되는 사회로 나아가는 과정의 일부일 뿐, 그 자체가 목적일 수는 없다. 편견이 혐오로, 혐오가 차별과 폭력으로 이어지는 것은 순식간이다. 혐오표현이 아무런 제지를 받지 않고 이에 대한 국가적 차원의 대응도 실패한 상황이라면 지금 당장 '증오범죄'가 발생한다고 해도 이상할 게 없다. 백주 대낮에 오로지 성소수자라는 이유로, 이주자라는 이유로, 정신질환자라는 이유로 집단 린치를 당하는 비극적 사태는 이제 '임박한' 현실이 된 것이다.

사회의 혐오와 차별은 쉽게 확산되고 공고해진다. 인터넷과 스마트폰을 타고 더욱 광범위하고 빠른 속도로 전파된다. 더욱이 요즘처럼 사회 불만이 증폭될 수 있는 사회경제적 현실에서 차별과 혐오는 카운트다운에 들어간 시한폭탄이나 다름없다. 차별과 혐오가 물리적 폭력으로 이어지는 것은 '순식간'이라는 게 이미 십수 년 전에 우리와 같은 상황에 직면했던 나라들의 공통된 경험이다. 여유를 부리기에는 상황이 너무 급박하다. 절박한 심정으로 우리 사회의 혐오와 차별에 맞서 싸워야 할 시기가 온 것이다.

강남역 여성 살해 사건은 여성혐오범죄인가?

2016년 5월 17일 새벽 1시, 서울 강남역 부근의 화장실에서 한 여성이 살해되었다. 범행 동기 중에는 여성에 대한 혐오도 있었다고 전해졌다. 여성들은 곧바로 '나의 문제'라며 '집단적'인 반응을 보이기 시작했다. 사건 현장 근처에는 피해자를 추모하는 쪽지가 붙었고, 온라인에서도 그 열기가 이어졌다. 집에서 나오기조차 무섭지만 뭐라도 해야 할 것 같다며 삼삼오오 현장으로 모여들었다. 살아남은 자들의 연대가 시작된 것이다. 그들은 둘러앉아 그동안 마음속에 담고 있던 이야기를 쏟아내기 시작했다. 일상적 조롱과 비하, 노골적 차별과 적대, 그리고 크고 작은 폭력까지 그동안 공론화되지 못한 이야기가 쏟아져 나왔다. 그들은 더 이상 당하고만 있는 침묵의 소수자가 아니었다.

강남역 여성 살해 사건이 발생했을 때 누군가 이것을 '여성혐오범죄'라고 불렀고 여성혐오는 이 사건을 규정하는 중요한 키워드가 되었다. (앞서 본문에서는 '여성증오범죄'라는 표현을 썼지만 당시 '여성혐오범죄'라는 표현이 일반적으로 사용되었기 때문에 여기에서는 그 표현을 따른다. hate crime을 '혐오범죄'라고 번역하기도 하는데, hate crime이 대개 격앙된 적의감정에 기반한 범죄행위임을 감안하면 '증오'범죄라고 옮기는 게 좀 더 타당해 보인다.) 하지만 일부 전문가들은 여성혐오범죄가 아니라고 봤고 경찰도 여성혐오범죄가 아니라는 수사 결과를 발표했다. 그러자 여성혐오담론이 불편했던 일부 남성들의 역공이 시작되었다. 있지도 않은 '여성혐오범죄'를 빌미로 쓸데없는 대립과 갈등을 조장한다는 불만이었다. 5장에서 설명한 대로 혐오범죄인지는 범행 전후의 정황이나 가해자의 과거 행적 등을 근거로 판단한다. 가해자가 범행 후, "여성들이 나를 무시해 범행을 저질렀다"고 말한 것은 범행의 이유가 여성혐오일 가능성을 보여준다. 하지만 한국에는 증오범죄법이 없다. 형사정책 당국도 혐오범죄에 대한 특별한 판정 기준을 가지고 있지 않은 것으로 알려져 있다. 이런 상황에서 한국에는 혐오범죄가 없다거나 강남역 여성 살해 사건은 혐오범죄가 아니라고 단언하는 것은 섣부르다. "여성혐오범죄는 학술·전문적인 부분도 있고 처음 접해보는 용어라 정확하게 입장을 표명할 위치에 있지 않다"(한증섭 당시 서초경찰서 형사과장)라고 말하는 정도라면 모를까, "여성혐오범죄가 아니다"(강신명 당시 경찰청장)라고 단언하는 것은 지나치다. 경찰청장의 발언은 이 사건을 조현병 환자의 범죄로 축소시키려는 일부의 흐름과 더불어 사건의 본질을 왜곡하는 데 기여하기도 했다.

여기서 범행의 전후 정황이나 범죄자 개인에 대한 자세한 정보 없이 혐오범죄 여부를 더 논하는 것은 무리다. 하지만 법이나 실무, 그리고 학계에서 뭐라고 하건, 이 사건에는 여성혐오적 측면이 있다. 만약 편견의 동기가 지배적이지 않아서 법적 혐오범죄가 성립하지 않았다고 해도 우리는 여성혐오의 문제를 제기할 수 있다는 뜻이다. 특히 인상적이었던 것은 강남역 사건 이후 여성들의 '반응'

이다. 당시 강남역 10번 출구에 붙은 수많은 메모들은 이 사건의 본질을 잘 보여준다. 〈경향신문〉 사회부 기자들은 이 메모 1004개를 촬영하여 하나하나 분석했다.[6] 가장 많은 비중을 차지한 내용은 추모였고, 그다음은 자조, 죄책감, 부채 의식, 공포였다. "나는 우연히 살아남은 여성이다"라는 메모는 당시 여성들이 느꼈던 문제의식을 잘 보여준다. 강남역 주변의 화장실이라는 지극히 일상적인 공간에서 한 여성이 범행의 대상이 되었지만 자신도 늘 그런 위협을 느껴왔다면서 자신이 범행 대상이 되지 않은 것은 그저 '우연'이었다고 토로한 것이었다. 그래서 여성들은 더욱 공포를 느꼈고 더욱 분노할 수밖에 없었다. 이 사건을 계기로 성희롱, 성폭력, 가정폭력, 데이트 폭력 등 여성에 대한 일상적인 폭력의 문제가 재점화되었다.

이것은 혐오범죄가 발생했을 때의 일반적인 후폭풍과 거의 유사하다. 미국에서 흑인 범죄가 발생하면 흑인들이 집단적으로 반응한다. 강남역 사건에는 한국 여성들이 집단적인 반응을 보였다. 그들은 공포를 느꼈고 분노했고 집단적으로 항의에 나섰다. 이걸 두고 한국 사회의 여성혐오 문제를 읽어내는 것은 너무나 당연했다. 어떤 말로 이 사건을 규정하건 수많은 여성들이 왜 이렇게 반응하는지, 그 저변에 깔려 있는 공포와 분노가 어디에서 기인하는지 살펴봐야 하는 이유가 생긴 것이다. 피해자가 속한 집단 전체에 가해진 충격과 공포는 "나는 우연히 살아남았다"라는 말로 정확하게 표현되었으며, 여성혐오라는 문제가 의제화되기 시작했다. 여성들이 보여주는 조직적이고 집단적인 반응은 한국 여성들이 그동안 차별받고 억압받아왔으며 '소수자로서 집단적 정체성'을 가지고 있음을 입증한 것이었다.

강남역 사건은 '진공상태'에서 발생한 우발적 사건이 아니라 여성혐오와 여성폭력이 만연한 사회 현실에서 발생한 하나의 비극적 '결과'다. 혐오와 차별이 있는 곳에서는 혐오표현이 발화되기 마련이고, 혐오범죄의 위험도 항상 도사리고 있다.[7] 성소수자 혐오가 만연한 곳에서는 성소수자에 대한 폭력이, 이주자 차별과 적대가 있는 곳에서는 이주자에 대한 폭력이 발생할 가능성이 높다. 이렇게 혐오, 차별, 혐오표현, 혐오범죄는 하나의 메커니즘으로 작동한다. 유럽에서 혐오표현을 '표현' 단계에서 선제적으로 금지한 이유는 혐오의 의식이 표현되는 순간 언제든지 구체적 '행위(차별과 폭력)'로 나아갈 수 있음을 우려했기 때문이다.

그런 의미에서 여전히 강남역 사건을 '여성혐오범죄'라고 부를 수도 있다고 본다. '이름 짓기'의 권한을 국가나 특정 분과학문이 독점해야 하는 이유는 없으며, 국가나 학계가 정해준 것을 일사불란하게 따를 필요도 없다. 강남역 사건에서 여성혐오의 문제의식을 읽어낼 수 있었다면 그것을 얼마든지 여성혐오범죄라고 부를 수 있다는 것이다. 용어의 혼란을 피한다면 여성혐오'적' 범죄, 여성혐오를 '배경에 둔' 범죄라고 부를 수도 있을 것이다. 이것은 옳고 그름의 문제가 아니라 새로운 담론이 형성되는 과정에서 전략적 선택의 문제일 뿐이다. 언어의 '전유'를 중시하여 여성혐오범죄라는 명명을 포기하지 않는 것도 일리가 있고 불필요한 개념 논쟁을 피하기 위해 핵심에 집중하는 것도 방법이다. 개인적으로 여성혐오범죄로 명명한 것은 나름 성공적이었다고 생각한다. '여성혐오범죄'라고 규정한 것이 무리수였다는 주장도 있었지만 거꾸로 그렇게 규정되지 않았다면 이 중요한 논의가 이렇게까지 공론화될 수 있었을까?

이쯤에서 여성혐오범죄가 아니라며 이 사건의 의미를 애써 축소하려는 사람들에게 묻고 싶다. 한국 사회가 '진공상태'였다면 가해자가 굳이 "여자들에게 항상 무시당해 범행을 했다"고 진술하고 굳이 여성을 범행 대상으로 골랐을까? 그리고 무엇보다 여성들이 집단적으로 격한 반응을 보였을까? 엄밀한 학문적, 실무적 개념으로 여성혐오범죄는 아니라고 치자. 그럼, 이번 사건에 대해 여성들이 보여준 반응의 의미를 과소평가해도 될까? 여성들이 호소하는 일상적 혐오와 차별의 문제들이 언제든 물리적 폭력으로 이어질 가능성을 무시할 수 있을까? 이 질문들을 차마 외면할 수 없다면 살아남은 우리 모두에게 이 문제를 함께 고민해야 할 윤리적, 시민적 책무가 있는 것이다.

비유하자면, 우리는 대형 화산 폭발로 인해 우리 땅 밑에 거대한 용암이 흐르고 있다는 사실을 확인한 것과 같다. 그렇다면 그 용암을 제거해야 한다. 용암의 존재를 확인한 이상 화산 분출만 막아봤자 별 소용이 없다. 남성들의 인식 기저에 있는 여성혐오는 살인과 같은 강력 범죄로만 표출되는 것이 아니다. 여성혐오는 성적 대상화, 성적 괴롭힘(성희롱), 혐오표현, 고용·서비스·교육 등에서의 차별, 스토킹, 데이트 폭력, 폭행, 성폭행, 그리고 살인에 이르기까지 실로 다양한 영역에서 다양한 형태로 발현된다. 이런 상황에서 '치안 강화'에만 집중하는 것은 한계가 명백하다. 그 자체로 미봉책이 되기 십상이지만 설사 일부 효과가 있다 해도 일상의 크고 작은 다른 위험을 막을 수는 없기 때문이다.

혐오표현과
역사부정죄

"일본 식민지? 하나님의 뜻이 있는 거야"

"'하나님은 왜 이 나라를 일본한테 식민지로 만들었습니까'라고 우리가 항의할 수 있겠지, 속으로. 아까 말했듯이 하나님의 뜻이 있는 거야……."

– 문창극 국무총리 후보자

문창극 국무총리 후보자는 결국 낙마했다. 반민족적 친일 역사관을 가진 자에게 총리직을 맡길 수 없다는 여론이 그를 물러나게 했다.

"5·18은 김대중이 일으킨 내란 사건이라는 1980년 판결에 동의한다." "북한의 특수군이 파견돼 조직적인 작전 지휘를 했을 것이라는 심증을 갖게 됐다."

– 지만원 시스템클럽 대표

5·18에 대한 내란음모설이나 북한개입설이 허위라는 점은 이미 확인되었다. 더 이상 논란의 여지가 없는 문제다. 문창극은 물러났고 지만원의 주장은 사회에서 논파되었으니 문제가 이미 해결된 것이나 다름없다. 그런데 문제는 여기서 그치지 않았다. 이러한 발언을 한 사람을 처벌하자는 목소리가 있었기 때문이다.

역사왜곡을 처벌하는 법

문창극 국무총리 후보자의 발언을 겨냥해 2014년 6월 발의된 법안의 공식 명칭은 '일제 식민지배 옹호행위자 처벌 법률'이다.[1] 대표발의자 스스로 '문창극법'이라 칭했다. 지만원 대표는 명예훼손으로 고소되었으나 2013년 대법원에서 무죄 판결을 받았다. 피해자가 특정되지 않아서 명예훼손이 성립하기 어렵다는 이유였다. 이러한 법적 공백을 막기 위해 5·18민주화운동에 대한 역사왜곡을 처벌하는 법안이 발의되었다.[2] 두 법안은 역사왜곡 발언을 처벌한다는 공통점이 있다. 이외에도 '일제침략행위 부정을 처벌하는 법안',[3] '반인륜범죄·민주화운동 부인을 처벌하는 법안'[4]도 발의되었다. 아직 국회를 통과하진 않았지만 관련 법안들이 꾸준히 제출되고 있으니 여전히 현재진행형인 셈이다. 이 법들은 대략 다음과 같은 행위를 처벌한다.

- 일제강점기에 일본제국주의의 지배 또는 친일반민족행위를 찬양하거나 정당화하는 내용으로 역사적 사실을 날조하여 유포하

말이 칼이 될 때

는 행위

- 국가 존립이나 자유민주적 기본 질서를 위태롭게 할 수 있다는 것을 알면서도 민주화운동을 부인·왜곡·날조하는 행위
- 신문, 방송이나 각종 출판물 또는 정보통신망을 이용하여 5·18 민주화운동을 비방·왜곡하거나 사실을 날조하는 행위

이 법들이 금지 대상으로 하는 행위는 역사를 부정·부인하는 것이며, 이러한 범죄행위를 '역사부정죄' 또는 '역사부인죄'라고 부르기도 한다. '역사적 기억에 관한 법memory laws'으로 분류되기도 한다. 2007년 유럽연합EU 차원에서 회원국들에 종교적, 인종적 혐오선동의 처벌을 요구하는 결의와 협약을 채택했으며, 독일, 오스트리아, 프랑스, 체코, 폴란드 등 14개 국가에는 '홀로코스트나 제노사이드 부정'을 처벌하는 명시적 입법이 있다. 실제로 이 법에 의해 처벌된 경우가 적지 않았고 징역형이 선고되는 경우도 제법 있었다. 대표적 사례로 1970년대 나치의 가스실, 유대인 학살, 히틀러의 살인 명령 등을 부정하여 처벌받은 역사학자 로베르 포리송Robert Faurisson을 들 수 있다.

역사부정죄: 유럽 홀로코스트의 경우

느닷없이 역사부정죄 얘기를 꺼낸 이유는 역사부정이 혐오표현과 긴밀한 관계가 있기 때문이다. 한국에서 제출된 기존 역사부정죄법안들의 제안 이유로 대개 "유럽에서는 역사부정을 처벌한다"는 것이

핵심 논거로 제시되며, 언론에서도 이 점을 유난히 강조한다.[5] 그런데 유럽의 역사부정죄와 한국의 역사부정죄는 그 배경과 입법 취지와 목적 등에서 다소 차이가 있다.

일단 유럽 국가들이 모든 역사부정을 처벌하는 것은 아니다. 대개는 홀로코스트 등의 제노사이드에 대한 부정을 처벌한다. 홀로코스트는 인류 역사상 최악의 범죄행위다. 그리고 그에 대한 처절한 반성으로 유엔이나 EU처럼 평화와 인권을 지향하는 국제 질서가 탄생했다. 홀로코스트라는 '역사적 사실'을 부정하는 것은 이러한 국제 질서의 대전제를 부정하는 것이나 다름없다. 특히 민족 간의 분쟁을 딛고 통합유럽의 시대를 열었던 유럽에서는 이 문제가 더욱 심각하게 받아들여질 수밖에 없었다. 하지만 중요한 사건에 대한 역사적 진실을 부정한 것 자체를 범죄화할 수는 없다. 역사적 진실 자체가 문제라면 홀로코스트만큼 중요한 역사적 진실의 목록은 무한히 확장될 수 있다.

제노사이드는 단순히 여러 사람을 죽였다는 의미가 아니라 인종, 이념 등을 이유로 특정 집단의 구성원을 대량 학살하는 것을 뜻한다. 흔히 제노사이드를 인종청소ethnic cleansing라고 부르는 이유다. 아무 맥락 없이 특정 인종 집단을 학살할 리는 없다. 그 집단을 혐오하고 차별하고 배제해온 역사가 있고 그런 맥락 속에서 어떤 계기가 주어지면 그 집단에 대한 폭력, 그리고 극단적으로는 학살이 자행되는 것이다. 홀로코스트는 오래전부터 존재해왔던 반유대주의anti-semitism가 나치에 의해 정치적으로 악용되어 극단적인 유대인 학살로 이어진 것이다. 홀로코스트로 유대인만 학살당한 것은 아니다. 다른 소수인종 집단과 장애인, 동성애자, 종교적 소수자도 수십만 명이나 학살당했다. 홀로코스트는 소수자'들'에 대한 학살이었던 것이다.

문제는 이러한 대량 학살이 단계적으로 발전하는 것은 아니라는 점에 있다. 소수인종에 대한 편견이 차별, 폭력, 학살로 단선적인 진화를 하는 것이 아니라 언제든 단계를 뛰어넘어 단숨에 폭력으로 이어질 수 있기 때문에 소수자에 대한 혐오표현을 규제하는 것이다. 홀로코스트 등 제노사이드에 대한 부정을 혐오표현으로 간주하는 것도 그러한 발언들이 실제 차별이나 폭력으로 이어질 위험이 있다고 보기 때문이다.[6] 신나치, 극우 세력이 득세하고 있는 서유럽이나 민족적, 종교적 분쟁이 끊이지 않는 동유럽의 현실에서 홀로코스트 등의 제노사이드를 부정하는 것은 현실적인 위험으로 간주될 수 있다.

처벌이 능사인가

하지만 역사부정죄에 대한 비판도 만만치 않다. 영국, 이탈리아, 북유럽 국가들에는 홀로코스트 부정holocaust denial을 처벌하는 법이 없다. 이 국가들은 홀로코스트 부정에 관한 유럽 차원의 공동 결의가 마련될 때도 선동적 요소가 없는 의견에 대한 처벌에 반대했다. 피터 싱어 Peter Singer나 촘스키Avram Noam Chomsky 같은 저명 학자들을 비롯하여 학계에는 학문적 의견에 대한 처벌에 부정적인 사람이 적지 않다. 역사적 사실의 진위 여부는 역사적 평가와 시민사회의 토론에 맡겨야 한다는 것이다.

처벌의 효과가 썩 만족스럽지 않다는 점도 문제다. 히틀러의《나의 투쟁》이 금서인 나라도 있지만 그렇지 않은 나라도 많아 얼마든지 그 책을 구할 수 있다. 국경을 넘어 인터넷을 타고 돌아다니는 홀로코스트 부정은 더더욱 규제하기 어렵다. 규제 범위를 정하기도 어렵다. 범위를 좁히면, 학문적 의견을 빙자해서 제기되는 역사부정을 처벌하기가 쉽지 않다. 교묘한 형태의 역사부정이 늘어날 수도 있다. 그렇다고 규제 범위를 너무 넓히면 표현의 자유가 위축될 우려가 있다. 다른 역사적 사실에 대한 부정은 제쳐두고 홀로코스트 부정만 처벌하는 것에 의문도 제기된다. 최근 중동과 이슬람권의 일부 지역에서는 홀로코스트 부정에 대한 서방의 강경 대응이 시온주의를 부추긴다는 비판이 제기되기도 한다. 그들은 무함마드를 풍자한 덴마크 신문의 만평이 '표현의 자유'로서 옹호되자 홀로코스트 부정은 왜 표현의 자유에 속하지 않느냐고 항의하기도 했다.

역사부정의 위험이 과장되었다는 비판도 있다. 실제로 홀로코스트 부정론자들이 노골적으로 '인종청소'를 선동하는 경우는 거의 없다. 600만 명 전원이 가스실에서 집단 살해된 것은 아니라든가, 어떤 단일한 명령이나 계획에 의해 학살이 자행된 것은 아니라는 식으로 에둘러 표현하는 경우가 대부분이다. 제법 그럴듯한 근거를 동원하여 홀로코스트가 '화학적으로' 불가능했다고 주장하기도 한다. 인종청소를 선동한다면 그 행위 자체를 처벌하면 되는 것이지 홀로코스트 부정 자체를 처벌할 필요는 없다, 역사에 대한 부정 자체를 처벌하는 것은 지나치다는 비판이 나오는 이유다.

한국판 역사부정죄가 필요할까

한국 사회에서도 식민지배를 찬양하거나 5·18민주화운동을 왜곡하는 표현을 처벌할 필요가 있을까? 식민지배를 긍정적으로 보는 듯한 발언을 한 문창극 씨를 일제식민지배 찬양죄로 처벌하고, 5·18의 역사적 사실을 부인하는 지만원 씨를 5·18왜곡죄로 처벌해야 하느냐는 것이다.

일단 유럽의 역사부정죄가 제정된 배경이 한국의 맥락과 정확히 일치하지 않는다는 점을 염두에 둬야 한다. 일제 잔재 청산, 반인륜범죄 단죄, 민주화운동과 5·18민주화운동이 헌정 질서의 근간을 이룬다는 점에서 홀로코스트의 역사적 위상과 비교할 수는 있어 보인다. 하지만 유럽의 역사부정은 소수자에 대한 차별과 적대, 배제와 폭력으로 이어지기 때문에 문제가 되는 것이다. 그렇다면 일제 찬양, 반인륜범죄 부정, 5·18왜곡이 그런 수준의 해악을 창출하고 있는지 따져봐야 한다. 예컨대 문창극 씨의 발언이 문제적이긴 하지만 한국을 다시 일본의 식민지화하려는 선동으로 간주할 수 있을까? 민주화운동 왜곡이 민주화운동 관련자를 차별·배제하는 효과를 내고 있을까? 반인륜범죄의 부정이 피해자의 인간 존엄을 파괴하고 있을까? 5·18왜곡이 5·18유공자들에 대한 차별과 지역 차별을 선동하고 있을까?

이 중 유럽의 역사부정죄와 같은 선상에서 비교할 수 있는 것은 5·18왜곡죄 정도다. 현재 5·18왜곡은 5·18유공자와 호남인들에 대한 뿌리 깊은 지역 차별과 연동되어 있기 때문이다. 일베의 주된 소재 중 하나가 호남 혐오였고 대선 때는 5·18 유공자들이 공무원시험을 싹쓸이하고 있다는 악의적인 허위 사실이 유포되기도 했다. 5·18 왜곡이 5·18유공자나 호남인들에 대한 차별과 연결되어 있다는 점, 그래서 실제적인 사회적 해악을 창출한다는 사실이 입증된다면 5·18 왜곡에 대해서만큼은 유럽의 역사부정죄와 같은 논거로 정당화될 여지가 있다고 생각된다.

역사부정죄가 표현의 자유를 위축시킬 수 있다는 우려도 귀담아들어야 한다. 당장 수많은 역사적 사실 가운데 처벌해야 할 역사부정을 어떻게 선별할 것인지가 문제다. 예컨대 '반인류범죄 및 민주화운동을 부인하는 행위의 처벌에 관한 법률안'에 따르면 민주화운동의 개념 정의를 "2·28대구민주화운동, 3·15의거, 4·19혁명, 6·3한일회담 반대운동, 3선 개헌 반대운동, 유신헌법 반대운동, 부·마항쟁, 광주민주화운동 및 6·10항쟁 등 1948년 8월 15일 대한민국 정부 수립 이후 헌법에 보장된 국민의 기본권을 침해한 권위주의적 통치에 항거하여 국민의 자유와 권리를 회복·신장시킨 활동"으로 정하고 있다. 지나치게 광범위하다. 보수 진영에서는 '건국의 아버지 이승만'과 '근대화의 기수 박정희'의 성취를 부정하는 것은 왜 처벌하지 않느냐고 목소리를 높일 것이다. 한국 현대사의 역사적 쟁점들에 대한 논의가 법정에서의 유무죄 판단으로 협소화되고 왜곡되는 불상사가 벌어질지도 모른다.

그렇다고 역사에 대한 부정이나 왜곡을 그냥 내버려두자는 것은 결코 아니다. 홀로코스트 부정을 가차 없이 처벌하는 유럽의 국가들도 처벌에만 의존하고 있지는 않다. 그들에게 홀로코스트 부정죄는 중대한 인권 침해의 재발을 좌시하지 않겠다는 '상징'일 뿐, 진상 규

말이 칼이 될 때

명과 책임자 처벌, 피해 배상 등의 철저한 과거 청산, 민주주의의 공고화와 인권의식의 확산, 민주시민 교육의 강화, 건강한 시민사회의 활성화 같은 좀 더 근본적인 문제 해결 방법에 더욱 많은 힘을 쏟고 있다. 국외자의 입장에서 당장 눈에 띄는 것이 처벌법일 뿐이다. 손쉬운 처벌법에만 기댈 것이 아니라, 근본적인 문제 해결을 위해 무엇이 필요한지 좀 더 다각적이고 심도 깊은 고민이 필요한 시점이다.

7장

혐오표현과
싸우는 세계

"조선학교를 부숴라!"

1960년대 '시민적 및 정치적 권리에 관한 국제규약'에 혐오표현 금지 규정을 포함시킬지를 두고 회원국들 사이에서 격론이 벌어졌다. 한쪽에서는 평등의 가치를 우선시하며 혐오표현 금지 규정을 넣자고 했고, 다른 한쪽에서는 표현의 자유가 더 우위에 있다고 주장했다. 흥미로운 것은 각 진영에 속한 국가들의 면면이었다. 조항 삽입에 찬성한 쪽은 대개 전체주의 국가로 분류되는 나라들이었고, 반대한 쪽은 대개 민주주의 국가로 분류되는 나라들이었다. 민주주의 국가들은 표현의 문제는 되도록 자정에 맡겨야 하며 함부로 규제해서는 안 된다는 입장이었다. 반면, 이미 많은 표현들을 규제하고 있는 전체주의 국가들은 혐오표현을 규제 대상으로 '추가'하는 것에 대해 별다른 거부감이 없었다. 나쁜 표현이라 규제하는 것인데 무엇이 문제냐는 태세였던 것이다. 격론 끝에 혐오표현을 금지하는 조항을 담는 것으로 일단락되었다. 그렇게 마련된 조항이 바로 자유권규약 20조 2항이다.

"차별, 적의 또는 폭력의 선동이 될 민족적, 인종적 또는 종교적 증오의 고취는 법률에 의하여 금지된다."[1]

사실 국제 사회에서 혐오표현에 관한 논의가 시작된 것은 제법 오래된 일이다.[2] 1948년 선포된 세계인권선언에 이미 혐오표현에 대한 문제의식이 담겨 있다.

"모든 사람은 법 앞에 평등하며, 어떤 차별도 없이 똑같이 법의 보호를 받을 자격이 있다. 모든 사람은 이 선언에 위배되는 그 어떤 차별에 대해서도, 그리고 그러한 차별에 대한 그 어떤 선동행위에 대해서도 똑같은 보호를 받을 자격이 있다."[3]

위의 세계인권선언 7조는 평등과 차별금지에 관한 조항으로 특별히 '차별에 대한 선동incitement to such discrimination'을 언급하고 있다는 점이 눈에 띈다. 당시에도 이미 '차별'뿐만 아니라 '차별의 선동'도 문제로 인식되었음을 알 수 있는 대목이다. 자유권규약뿐만 아니라 '모든 형태의 인종차별철폐에 관한 국제협약(이하 인종차별철폐협약)'에도 "인종적 우월성이나 증오, 인종차별에 대한 고무에 근거를 둔 모든 관념의 보급", 그리고 인종에 근거한 폭력행위의 고무를 범죄로 규정하는 조항을 두고 있다.[4]

자유권규약의 "차별, 적의 또는 폭력의 선동이 될 민족적, 인종적 또는 종교적 증오의 고취"는 증오선동으로 해석된다. 인종차별철폐협약에 나오는 인종차별적 "관념의 보급", 인종차별의 "선전", "촉진", "고무" 등의 표현은 증오선동뿐만 아니라 편견 조장형 혐오표현을 포함하는 것으로 이해될 수 있다. 인종차별철폐협약상의 혐오표현은 상당히 넓은 범위를 포괄하고 있는 것이다. 이러한 국제규범은 조약기구인 자유권규약위원회, 인종차별철폐위원회, 여성차별철폐위원회, 아동권리위원회, 장애인권리위원회 등의 각종 보고서에 의해서 더욱 구체화되어왔으며, 의사·표현의 자유에 관한 유엔특별보고관, 유럽안보협력기구의 언론자유대표, 표현의 자유에 관한 미주기구 특별보고관이 제출한 2001년 〈인종주의와 미디어에 관한 공동 의견서〉[5], 유엔인권최고대표사무소 주관으로 작성된 2012년 〈차별, 적의, 또는 폭력의 선동이 될 민족적, 인종적 또는 종교적 증오의 고취 금지에 관한 라바트 행동계획〉[6] 등을 통해서도 확인되었다.[7]

지역 인권규범 중에는 미주인권협약American Convention on Human Rights 13조 5항에 "전쟁의 선전과 인종, 피부색, 종교, 언어 또는 민족적 출신을 이유로 사람 또는 집단에 대하여 불법적인 폭력 또는 기타 유사한 행동을 선동하는 민족적, 인종적 또는 종교적 증오의 주장"을 범죄로 간주하는 명시적인 규정이 있으며, 유럽인권재판소ECtHR가 유럽인권협약European Convention on Human Rights상 차별금지 조항(14조)의 해석을 통해 혐오표현금지 조치를 정당화하는 판례를 여러 차례 내놓은 바 있다. 그 외에도 유럽의회, 유럽이사회, 유럽인종차별위원회 European Commission against Racism and Intolerance, 베니스위원회European Commission for Democracy through Law, Venice Commission 등의 기관들이 혐오표현에 관한 권고나 결의문을 채택했다.[8]

ㄱ동아 혐오표현에 대한 국제 기준은 주로 민족, 인종, 종교적 혐오

표현을 중심으로 발전해왔으나 유엔의 조약기구나 유럽의 각종 기구들은 그 기준이 여성, 장애인, 성소수자를 표적집단으로 하는 혐오표현에도 적용된다는 점을 여러 차례 확인한 바 있다. 각 국가에 대해 여성과 아이들에 대한 혐오표현[9], 장애인에 대한 혐오표현[10], 성적 지향 또는 성별정체성을 기초로 한 혐오표현과 증오범죄[11] 등에 대한 조치를 권고한 것이 대표적이다. 2015년 유엔자유권규약위원회는 "당사국은 소위 '전환 치료', 혐오표현 및 폭력 등 성적 지향 또는 성별정체성에 기초해 누군가를 사회적으로 낙인찍거나 차별하는 어떠한 형태도 용납될 수 없음을 명백히 공적으로 천명해야 한다"고 대한민국에 권고하기도 했다.[12]

세계 각국의 혐오표현금지법

앞서 자유권규약에 혐오표현 규정을 삽입할지를 둘러싼 논쟁을 소개했는데, 나중에 혐오표현금지법 도입을 주도한 것은 당시에는 혐오표현 규제에 부정적인 입장이었던 북서 유럽 국가들이었다. 그들은 신나치나 인종주의자들의 준동을 심각하게 바라봤고 인종 간의 충돌이나 홀로코스트의 비극을 되풀이하지 않겠다는 의지로 차별과 폭력(증오범죄)에 대해 단호한 조치를 취했다. 다만, 혐오표현을 처벌할 것인지에 대해서는 논란이 있었다. '표현'을 처벌하는 것은 표현의 자유를 억압할 우려가 있기 때문이다. 하지만 더 큰 재앙을 불러오기 전에 표현 단계에서 규제하지 않으면 안 된다는 입장이 점점 더 많은 지지를 얻었다. 그렇게 대부분의 유럽 국가들은 거의 예외 없이 혐오표현 금지법을 제정하게 되었다.

미주와 기타 다른 지역 국가들 중에도 혐오표현금지법이 제정된 나라가 많다. 혐오표현을 규율하는 방법과 범위가 천차만별이어서 일률적으로 논하기는 어렵지만 어떤 식으로든 혐오표현에 대한 형사처벌 조항을 두고 있는 나라로는 유럽의 오스트리아, 독일, 벨기에, 불가리아, 프랑스, 핀란드, 그리스, 헝가리, 체코, 덴마크, 아이슬란드, 에스토니아, 아일랜드, 라트비아, 리투아니아, 몰타, 룩셈부르크, 네덜란드, 노르웨이, 폴란드, 루마니아, 포르투갈, 스페인, 스웨덴, 영국, 슬로베니아, 미주 지역의 브라질, 캐나다, 콜롬비아, 멕시코, 우루과이, 그외 지역의 뉴질랜드, 러시아, 터키, 우크라이나, 호주(일부 주) 등이 있다.[13]

앞서 소개한 혐오표현의 유형에 따라 분류해보면 먼저 '차별적 괴롭힘'의 경우 주요 국가들은 차별금지법이나 평등법에서 괴롭힘을 차별의 한 유형으로 규율하고 있다. 예컨대 영국 평등법은 "보호되는 속성과 관련하여 당사자가 원치 않는 행위로서 존엄성을 침해하거나 위협적, 적대적, 비하적, 굴욕적, 공격적 환경을 조성하려는 목적 또는 효과를 갖는 행위"(26조 1항)를 금지하고 있고, 독일 일반평등대우법은 "제1조에 열거된 사유(차별금지사유)와 관련하여 의사에 반하여 타인의 존엄성을 침해하거나 위협, 적대시, 멸시, 품위 손상 또는 모욕 등에 의해 존엄성을 침해하는 분위기를 조성하는 것"을 금지하고 있다.

편견 주장형 혐오표현을 규제하는 경우는 흔치 않지만 차별로 직결될 가능성이 높은 혐오표현은 차별금지법에 의해 금지된다. 예를 들어 캐나다 인권법[14] 12조는 차별행위를 의도하거나 암시하는 행위 또는 그러한 차별행위를 하겠다는 의도를 나타내거나 암시하는 행위를 금지한다. 그러니까 어떤 음식점이 특정 인종의 출입을 막는 것도, "동남아시아인 출입 금지"라고 써 붙이는 것도 금지된다는 것이다.

몇몇 나라에서는 모욕형 혐오표현을 금지한다. 덴마크 형법[15]은 인종, 국적, 성적 지향 등을 이유로 위협, 조롱, 비하를 공표하는 것을 처벌하고 있고, 네덜란드 형법[16]은 인종, 종교 또는 신념, 성적 지향, 장애 등을 이유로 한 모욕적인 말, 글, 이미지를 의도적으로 공표하는 것을 처벌하며, 영국 공공질서법[17]은 인종, 종교, 성적 지향에 근거한 혐오를 고무하려는 의도를 가지고 위협적인 말, 행동 또는 자료를 게시하는 것을 처벌하며, 뉴질랜드 인권법[18]은 인종, 국적 등을 이유로 위협, 욕, 모욕을 출판 · 배포 · 방송하는 것을 금지하고 있다.

증오선동에 대해서는 세계 주요 국가들이 거의 공통적으로 처벌 규정을 두고 있다. 대개 민족 · 인종 · 종교적 증오선동을 형사처벌하고 있으며, 성적 지향이나 장애 등 다른 소수자 속성을 가진 집단에 대한 증오선동을 처벌하는 법을 두고 있는 경우도 많다. 대표적으로 독일은 민족적, 인종적, 종교적 집단 또는 종족적 기원에 의해 정의된 집단, 그리고 일부 주민에 대한 증오선동을 형사처벌하는데, 여기에는 성적 지향 및 성별정체성, 장애 등의 속성을 가진 소수자 집단에 대한 증오선동이 포함되는 것으로 해석된다.[19] 이외에도 프랑스[20]와 캐나다[21]처럼 홀로코스트 등의 반인도적 범죄를 규율하는 방식으로 증오선동을 처벌하는 경우도 있다.

일본의 헤이트 스피치 억제법

혐오표현에 관한 일본의 최근 동향도 주목해볼 만하다. 일본은 사실 인권의 관점에서 보면 취약한 점이 많은 나라이고, 혐오표현 같은 최신 인권 이슈에 대한 대응은 더욱 지지부진했다. 그러던 일본도 이제 혐오표현 대응에 나서기 시작한 것이다.

일본에서 재일 코리안에 대한 혐오, 이른바 '혐한' 분위기가 형성된 것은 2002년 이후다. 2002년 한일 월드컵을 통해 발호된 혐한 감정이 2005년 출간된《만화 혐한류》의 영향으로 대중화되고, 2007년 반한 넷우익 단체인 '재일 특권을 용납하지 않는 시민 모임(재특회)'[22]의 결성으로 이어졌다. 재특회가 인터넷을 넘어 오프라인에서 본격적으로 반한시위를 주도하면서 문제가 더욱 심각한 양상으로 전개되었다. 2009년 12월에는 재특회 회원들이 교토 조선제일초급학교 교문 앞에서 "조선학교를 부숴라!"라는 구호를 외치며 가두집회를 열었고 2010년 4월에는 재특회 회원들이 도쿠시마현 교직원조합이 시코쿠 조선초중급학교에 150만 엔을 기부했다는 이유로 조합 사무실에 난입하기도 했다.[23] 2013년부터는 한국인들의 음식점이나 가게가 즐비한 도쿄 신오쿠보에서 주말마다 혐한시위가 열리게 되었다. 시위는 조직적이고 잔인했다. 시위 장소로 굳이 한인 밀집 지역을 택해 그곳에 있는 재일 코리안들을 직접 위협했다. 증오선동 중에도 물리적 폭력으로 이어질 가능성이 높은 극단적 행위였다.

다행히 일본의 양심적 지식인과 활동가들이 적극적으로 대응에 나섰다. 먼저 재특회의 조선제일초급학교 가두선전 금지 등 청구 사건

(2013),[24] 재특회의 도쿠시마현 교직원조합과 전 서기장에 대한 폭언 및 욕설에 대한 손해배상 청구 사건(2016), 재특회의 재일 조선인 이신혜 명예훼손에 대한 손해배상 청구 사건(2016) 등 기존 법을 활용한 대응이 시도되었다.

하지만 이렇게 개별석으로 대응하는 것에는 한계가 있었고 입법 조치가 필요했다. 시민사회가 적극적으로 의회를 압박하고 국제 사회의 압력까지 거세지자 일본 정부도 더 이상 수수방관할 수는 없게 되었고, 결국 2016년 5월 일본 의회(참의원, 중의원)에서 '본국(일본) 외 출신자에 대한 부당한 차별적 언동의 해소를 위한 대책 추진에 관한 법률'[25]이 통과되었다. 이 법은 본국 외 출신자에 대한 차별적 언동의 해소를 국가와 지방자치단체의 책무로 규정하고 문제 해결을 위한 정책 추진을 규정했다. 구체적으로 차별적 언동에 대한 상담·분쟁방지·해결 체제 정비, 교육 실시, 대국민 홍보와 계몽을 명시했다. 비록 처벌 규정을 담고 있지는 않았지만 혐오표현 대책을 국가적 과제로 명시했다는 점에서 의미가 있었다.

2015년 통과된 '오사카시 헤이트 스피치 대처에 관한 조례'[26]는 영어 'hate speech'를 'ヘイトスピーチ(헤이트 스피치)'라고 음역하고 그 개념을 인종, 민족 등의 속성을 가진 개인, 집단을 배제하거나 권리, 자유를 제한하거나 증오, 차별 의식, 폭력을 부추기려는 목적으로 모멸, 비방 중상, 위협 등을 공개적으로 행하는 것으로 규정했다. 이러한 헤이트 스피치에 대한 예방 조치를 법제화한 것이 이 조례의 핵심 내용이다. 한편 심사위원회가 혐오표현 사건을 조사·심의하여 혐오표현을 한 자의 이름·명칭을 공표하게 한다는 점이 흥미로운 대목이다.

말이 칼이 될 때

한국만 예외?

요컨대 혐오표현에 대한 국제적 합의는 꽤 높은 수준에 다다랐고, 세계의 주요 국가들은 혐오표현을 처벌하거나 최소한 국가 정책을 마련하기 위한 법적 근거를 두고 있다. 차별금지법에 의해 괴롭힘을 금지하고 증오선동에 해당하는 혐오표현을 형사범죄화하는 것이 가장 일반적이지만 일부 국가에서는 소수자에 대한 차별조장행위나 모욕적 발언을 금지하는 경우도 있다. 일본도 혐오표현에 대응하기 위한 법적 근거를 마련하여 이 흐름에 동참했다. 8장에서 자세히 살펴보겠지만 미국도 혐오표현에 관한 형사처벌 규정이 없을 뿐, 차별과 증오범죄에는 오히려 강력하게 대처하고 있으며, 혐오표현에 대한 범사회적 차원의 대응도 적극적이다.

유감스럽게도 한국은 이런 세계적인 흐름에 동참하고 있지 못하다. 혐오표현에 관한 범국가적 차원의 조치는 전무하다고 해도 과언이 아니다. 정치 지도자나 사회 유력 인사들이 혐오표현을 지속적으로 경고하고 있지도 않다. 일부 언론과 인권단체들이 혐오표현의 위험성을 경고하고 있는 정도다. 그렇다고 혐오표현이 차별행위나 증오범죄로 진화해나갔을 때 강력한 조치를 취하고 있는 것도 아니다. 기업이나 학교에서 적극적인 대응을 하고 있지도 않다. 이름을 알 만한 주요 국가들 중 혐오표현에 대해 이렇게 무대책으로 일관하고 있는 나라가 또 있을까 싶을 정도다.

퀴어문화축제와 반동성애운동

요즘은 사회 도처에서 혐오가 문제가 되고 있지만 혐오가 가장 뜨겁게 가시화되는 현장은 무엇보다 매년 여름 열리는 '퀴어문화축제'다. 한국의 퀴어문화축제는 2000년 서울에서 처음 시작되었고 2009년부터는 대구에서도 열렸다. 2017년에는 부산과 제주에서도 첫 퀴어축제가 개최되었다. 퀴어문화축제는 세계 150여 개 도시에서 열리고 있고 아시아에서도 일본, 홍콩, 인도, 대만, 필리핀 등에서 매년 개최된다. 아마 같은 취지의 축제가 세계 곳곳에서 이렇게 다양한 형태로 열리는 경우는 흔치 않을 것이다. 그만큼 퀴어문화축제는 세계인의 보편적 축제로 자리잡아가고 있다.

한국에서 퀴어문화축제가 본격적으로 화제가 된 것은 2014년 서울과 대구에서 일부 보수 개신교 세력들의 반대 집회로 인해 충돌이 빚어지면서부터다. 그때부터 매년 퀴어문화축제 보도에는 이 충돌이 부각되곤 한다. 하지만 그 때문에 퀴어문화축제의 취지가 가려져서는 안 된다. 퀴어문화축제는 혐오에 맞선 '대항운동'(14장)의 한 형태로 이해되어야 한다.

성소수자들은 유난히 '낙인'으로 인한 배제와 차별을 심하게 받고 있는 소수자 집단이다. 그래서 자신의 정체성을 공개적으로 드러내는 행위(이른바 '커밍아웃') 자체가 중요한 사회적 행위다. 커밍아웃은 스스로 자신의 성적 정체성을 받아들이고 공개적으로 당당하게 자신의 성적 정체성을 밝히는 행위로서 사회적 실천의 의미를 갖는다. 퀴어문화축제는 축제의 형식을 빌려 성소수자들이 집단적으로 커밍아웃을 감행하는 것으로 이해될 수 있다. 성소수자들끼리 공개된 장소에서 자신의 정체성을 드러냄으로써 서로의 존재를 확인하고 사회를 향해 우리가 여기 있음을 천명하는 것이 바로 퀴어문화축제다. 해외에서 퀴어문화축제는 자긍심 축제^{pride festivals}라고도 불린다. 그동안 숨죽였던 성소수자들이 함께 광장으로 나와 자신의 정체성을 마음껏 드러내고 축제를 벌이고 거리를 활보함으로써 성소수자로서의 자긍심을 느끼는 자리가 바로 퀴어문화축제인 것이다. 이것은 성소수자에 대한 차별과 배제에 맞선 적극적인 '저항'이기도 하다. 축제는 누구나 벌일 수 있고 누구나 참여할 수 있는 열린 이벤트다. 이러한 공개 축제를 통해 성소수자가 똑같은 시민권을 가진 사회의 구성원임을 확인하는 것이 바로 퀴어문화축제인 것이다.

2014년부터 일부 보수 개신교 세력들은 퀴어문화축제를 무산시키기 위해 적극적으로 로비를 하는 한편, 퀴어문화축제 장소에 나와 "동성애 반대", "동성애는 죄악이다"라는 피켓을 들고 물리적으로 축제를 방해하기도 했다. 단순히 이견을 표명하는 것으로 볼 수는 없다. 이견이 있다면 이른바 '맞불시위'를 하면 되지, 굳이 퀴어문화축제 '불허'를 요청할 이유는 없기 때문이다. 하지만 그들은 서울에서, 대구에서, 제주에서 행사 자체를 막기 위해 온 힘을 기울였다. 퀴어문화축제 자체를 막으려는 것은 성소수자들에게 자신의 정체성을 드러내지 말라고 강요하는 적극적인 행위다. 퀴어문화축제가 성소수자의 존재를 '가시화visibility'하는 것이라면, 이들은 '비가시화invisibility'를 요구하는 것이다.

이러한 비가시화 요구는 종종 너그러운 태도로 위장된다. "다 좋은데, 퀴어문화축제 같은 것만 안 하면 안 되겠냐"고 하거나 "내 눈에 띄지만 않으면 괜찮다"라는 식으로 말이다. 하지만 어떤 존재를 향해 그 정체성을 드러내지 말라고 요구하는 것은 결코 관용이 아니다. 드러내지 말고 살라는 요구 자체가 차별이다. 게다가 어떤 소수자 집단이 자신의 정체성을 드러내지 않고 자신의 권리를 보장받는 것은 애초에 불가능하다. 동성애자임을 드러내지 않으면 동성혼이 법적으로 인정될 수 없다. 즉 퀴어문화축제를 반대하는 등의 비가시화 요구는 그 자체로 차별이며 비가시화가 관용이나 평등과 양립할 수는 없다.

또 하나의 쟁점은 퀴어문화축제에 대한 정치인들의 태도다. 13장에서 다시 언급하겠지만, 소수자 문제에 있어서 정치인들이 어떤 태도를 취하는가는 매우 중요하다. 해외에서 열리는 퀴어문화축제에는 시장이 직접 참여하는 경우를 흔히 볼 수 있다. 진보 성향의 정치인들뿐만 아니라 미국 공화당의 마이클 블룸버그Michael Bloomberg 전 뉴욕 시장이나 영국 보수당의 보리스 존슨Boris Johnson 전 런던 시장 같은 이들도 핑크색 옷을 입고 퀴어문화축제에 얼굴을 비추고 직접 연설을 하기도 한다. 혐오와 차별이 아니라 평등과 공존의 가치를 추구하는 정치인이라면 당연한 일이다. 2016년에는 이정미 의원이 국회의원으로는 처음으로 퀴어문화축제에 참석했고 2017

년에는 정의당 대표로 연설까지 했다.

　퀴어문화축제는 성소수자 인권에 관한 시금석이라고 봐도 좋다. 반동성애 세력의 비가시화 요구가 관철된다면 최악이다. "내 눈에 띄지 말라"는 혐오가 공식적으로 인정된 것이나 다름없기 때문이다. 한국에서는 이제 우여곡절이 있기는 하지만 행사 자체는 허용된다. 최악의 수준은 넘어선 것이다. 그 다음은 축제를 통해 얼마나 많은 성소수자 당사자들이 자신들을 공개적으로 드러내는가, 그에 연대하는 시민들이 얼마나 강력한 지지를 보내는가, 그리고 유력 정치인들이 얼마나 함께하는가에 달려 있다. 형식적으로는 이제 누구나 축제에 함께할 수 있게 되었다. 하지만 누구나 아무런 거리낌 없이 축제에 참여할 수 있는 것은 아니다. 최악은 면했지만 아직 가야 할 길이 멀다.

8장

혐오할 자유가
보장된 나라,
미국?

"더 적은 표현이 아니라 더 많은 표현이 최고의 복수다"

"이 군인을 죽게 한 신에게 감사한다."

"당신들은 지옥에 갈 것이다."

"신은 당신들을 미워한다."

이라크전에서 사망한 한 군인의 장례식장. 한 무리의 시위대가 들고 있던 피켓 문구다. 사망한 군인은 동성애자였고 시위대는 동성애가 미국을 망치고 있다고 믿는 어느 교회의 신도들이었다. 군인의 아버지는 분노했다. "그들은 장례식을 흥밋거리 보도 현장으로 만들었고, 우리 가족에게 상처를 주고 싶어 했다." 심각한 충격을 받은 아버지는 명예훼손, 사적 공간에 대한 침해, 사생활 공표, 고의적인 정신적 고통 야기 등을 이유로 그 시위대를 고소했다.

지방법원은 총 500만 달러의 손해배상 판결을 내렸으나 항소법원과 연방대법원에서 연달아 판결이 뒤집혔다(*Snyder v. Phelps*, 2011). 연방대법원은 그 시위가 미국 수정헌법 1조가 보장하는 표현의 자유의 보호 범위 내에 있다고 판결했다. 장례식 자체를 물리적으로 방해하거나 가족의 면전에서 모욕을 준 것이 아니라 공적 관심사에 관한 의견을 표명했을 뿐이라는 이유였다. 단 한 명의 대법관만이 "자유롭고 공개적인 토론을 위한 우리의 심오한 국가적 약속은 이 사건에서 발생한 악의적인 언어 폭력을 허용하지 않는다"는 반론을 폈다.

미국 예외주의

미국은 이런 나라다. 이런 행동까지 표현의 자유로 인정된다. 미국은 국제인권조약의 혐오표현 관련 조항을 '유보'했다. 혐오표현에 대한 형사처벌법도 일체 없다. 표현의 자유에 관한 미국의 입장은 상당히 일관돼 있다. 미국 연방대법원은 신나치주의자들이 홀로코스트 생존자·유가족들이 모여 사는 지역에서 나치 복장을 하고 시위를 해도 이를 금지할 수 없다고 보았고(*National Socialist Party v. Skokie*, 1977), 인종차별주의자들의 모임 KKK단이 인종차별의 상징으로 행하는 '십자가 소각'도 "임박한 불법행위에 대한 선동"에 해당하지 않거나(*R. A. V. v. City of St. Paul, 1992*) "위협의 의도"가 없다면 표현의 자유의 보호 범위에 있다는 판례를 내놓았다(*Virginia v. Black*, 2003).

혐오표현의 규제 필요성에 대한 국제적 합의 수준이 점점 높아지고 혐오표현처벌법을 제정하는 국가가 늘어가고 있지만 미국은 요지부동이다. 혐오표현에 관한 한, 미국은 민주주의 국가들 중 '예외적 지위'에 놓여 있는 셈이다. TV 프로그램 〈비정상회담〉에서 혐오표현 규제에 반대한 미국 대표 타일러가 다른 나라 대표들의 강한 반발에 부딪혀 고립됐을 때, 그 장면은 예능이 아니라 현실 그 자체였던 것이다. 미국은 왜 이런 고집을 부리는 것일까?

수정헌법 1조: 표현의 자유의 위상

단순히 미국의 형식적 법제도를 들여다보는 것만으로는 부족하다. 우리가 주의 깊게 살펴봐야 할 것은 그 정치·사회적 배경이다. 다른 나라들처럼 미국도 표현의 자유를 헌법(수정헌법 1조)에 규정하고 있지만 미국에서는 표현의 자유의 의미가 좀 더 특별하다. 미국은 20세기 초·중반에 정치적 반대파들을 사회에서 추방했던 암울한 역사가 있다. 그 뼈아픈 교훈을 발판 삼아 미국 사회는 내용의 옳고 그름과 무관하게 그 표현 자체에는 국가가 개입할 수 없다는 원칙을 확립했다. 이것이 국가가 '견해 차에 대한 차별viewpoint discrimination'이나 '내용 규제content-based restrictions'를 할 수 없도록 엄격하게 제한하는 이론으로 발전한 것이다.

여러 인종으로 구성된 이민자들의 국가라는 미국적 특수성도 영향을 끼쳤다. 미국 같은 다인종, 다문화 사회가 하나의 국가로 유지되기 위해서는 국민 모두가 동의할 수 있는 통합적 가치가 필요하다. 그 가치가 특정 종교나 문화를 초월한 실질적 내용의 이념일 수도 있겠지만, 미국은 최소주의적 방식, 즉 '서로 침범하거나 간섭하지 말자'는 취지의 형식적 자유와 이를 보장하기 위한 '중립 국가'의 이념에 합의한 것이다. 존 할란John Harlan 대법관에 따르면 표현의 자유는 "다양하고 인구가 많은 미국 사회에서 강력한 치료제"였던 것이다.

이러한 합의의 배경에는 '공적 담론public discourse'에 대한 미국 사회의 강한 신뢰가 있다. 어떤 표현이든 공적 담론에서 자유롭게 논의된다면 최선의 결과가 나올 것이라는 믿음이다. 미국에서 표현의 자유가 논의될 때, 그 표현이 '공적인 것'인지가 유독 중시되는 이유가 여기 있다. 소수자 집단을 모욕하는 발언이라고 해도 그것이 '공적 토론'의 맥락에서 이루어졌다면 면죄부를 주는 것이다. 수정헌법 1조가 제정된 역사적 맥락도 빼놓을 수 없다. 중앙집권 국가를 꿈꾸었던 연방주의자들이 반反연방주의자들을 설득하기 위해 타협안으로 제시한 것이 바로 연방정부와 의회의 강력한 권한을 제한하는 수정헌법 조항들이었다. 수정헌법 1조는 '표현'에 관한 한, 연방정부가 개입하지 않겠다는 약속이었던 것이다.

혐오표현에 '개입'하는 미국의 방식

그런데 혐오표현에 '개입'하는 방식에 금지와 처벌만 있는 것은 아니다. 미국에 연방 차원의 혐오표현금지법이 없긴 하지만, 혐오표현에 관해 손을 놓고 있는 건 아니다.[1] 실제로 미국에서는 혐오표현을 제한하기 위한 다양한 사회적 기제들이 작동하고 있다. 예컨대 방송의 혐오표현을 규제하기도 하고,[2] 국가적 차원에서도 다양한 반차별

말이 칼이 될 때

정책을 시행 중이다. 혐오표현 문제가 자율적으로 해결될 수 없는 영역, 예컨대 공공·교육기관 같은 곳에는 혐오표현에 대한 규제가 있다. 교수와 학생, 상급자와 하급자같이 권력 기제가 작동하는 곳에서도 일정한 규제가 있다. 실제 상당수의 미국 대학과 기업들은 '차별금지 정책' 또는 '다양성 정책'을 수립하고 있으며, 혐오표현이 '괴롭힘harassment'에 해당하거나 실질적인 차별을 야기할 경우 징계하는 학칙이나 사규를 두고 있다.[3] 소송을 통해 천문학적 액수의 손해배상 책임을 물게 되는 경우도 종종 있다. 인종차별금지 정책은 말할 것도 없고 친동성애 정책LGBT-friendly policies을 채택한 기업도 수두룩하다. 애플, 스타벅스, 마이크로소프트, 디즈니, 포드 등 이름만 대면 알 만한 기업들이 이 대열에 합류했다. 시민사회는 이런 기업들의 리스트를 '채용 정보'로 제공하고 '이런 기업의 물건을 사자'고 호응한다. 세계 각국의 미국 대사관에는 동성애 직원 모임이 있고 주한 미국대사관은 공식적으로 한국의 퀴어문화축제에 참여하기도 했다. '차별'은 미국 기업들이 가장 민감하게 생각하는 문제라고 해도 과언이 아니다.

정치인이나 영향력 있는 인물이 수시로 나서서 인종차별이나 성소수자차별 문제에 대해 분명한 입장을 천명하곤 한다. 그러니까 미국은 혐오표현 규제 방법 중 형사 규제를 제외한 거의 모든 규제를 시행하고 있는 셈이다. 그것도 아주 강력한 방식으로 말이다. 이런 상황에서 미국이 혐오표현에 '불개입'하고 있다고 표현할 수 있을까? '혐오할 자유'가 보장된다고 말할 수 있을까?

미국식 접근의 장점은 무엇보다 '일관성'과 '명확성'이다. 미국처럼 표현에 대한 개입 범위를 엄격하게 좁히면 일관되고 명확한 법 적용이 가능해진다. 혐오표현 처벌을 위해 '내용에 대한 규제'의 문을 여는 순간 표현의 자유에 관한 전선은 혼란에 빠진다. 어떤 내용의 표현을 규제할 것인지는 결코 간단한 문제가 아니기 때문이다. 혐오표현금지법을 도입했지만 여선히 혐오표현의 개념 정의를 두고 논란이 있는 유럽과 비교해보면 미국식 접근은 분명한 장점이 있다. 어쩌면 혐오표현 시위대를 눈뜨고 지켜봐야 하는 고통을 감수하는 대신 표현에 대한 절대적 자유를 보장받는 것이 사회 전체적으로는 좀 더 유리한 거래일지도 모른다.

하지만 미국과 유럽이 서로 다른 길을 걷고 있다는 지적은 지나치게 평면적이다. 혐오표현을 방치하지 않는다는 점에서는 다를 바가 없기 때문이다. 인권과 민주주의를 존중하는 국가에서 혐오표현 문제는 어떤 방식으로 규제(법에 의한 강제 규제 vs. 사회에 의한 규제)할 것이냐의 문제지, 혐오표현을 관용할 것이냐의 문제가 아니다. 혐오표현에 대한 입장이 다른 것이 아니라 그 '대처 방식'에 차이가 있을 뿐이다. 그런 점에서 일부 혐오주의자들이 미국의 사례를 들먹이며 '혐오할 자유'를 주장하는 것은 가당치 않다.

미국의 길을 따르고자 한다면

미국에는 일관되게 자유를 위해 진지하게 싸우면서 혐오표현의 규제에 반대하는 사람들이 있다. 미국시민권연맹ACLU, American Civil Liberties

Union이 대표적이다. 이 단체는 표현의 자유를 비롯한 자유를 일관되게 옹호한다. 심지어 나치 시위대가 유대인 마을인 스코키에서 행진하는 것도 허용되어야 한다고 주장한 적도 있었다. 그런 입장을 취하고 나서 회원이 대거 빠져나가는 등 곤욕을 치르기도 했지만 한 번도 입장을 바꾼 적이 없다. 혐오표현에 대해서도 비판적이지만 그 규제에는 반대한다. "더 적은 표현이 아니라 더 많은 표현이 최고의 복수"라고 생각하기 때문이다. 그들은 혐오표현규제법을 만드는 대신 혐오세력에 맞서 '함께 싸우자'고 말한다. 그들을 시민사회의 힘으로 퇴출시키는 것이야말로 건강한 시민사회의 상징이라고 주장한다.

한국 사회에도 '미국식 접근'을 선호하는 입장이 있을 수 있다. 그런데 분명히 확인해두어야 할 것은, 미국식 접근은 대통령이 수시로 차별금지에 대한 입장을 확인하고, 차별금지법이 각종 차별을 실질적으로 규제하고, 대학과 기업이 차별 문제에 민감하게 반응하고, 표현에 관해서는 어떠한 내용 규제도 일관되게 불허하는 미국 사회의 맥락에서나 유효하다는 점이다.

미국과 같은 사회적 조건을 만들기 위해 분투하는 '동시에' 미국처럼 혐오표현규제처벌법에 반대하는 사람이 있다면 그야말로 진정한 '숭미(!)주의자'이자 혐오표현 문제를 '국가의 개입 없이' 사회에서 직접 해결하려는 행동가들일 것이다. 혐오표현 규제 옹호론이 맞서야 하는 가장 까다로운 상대도 바로 이들이다.

9장

혐오표현,
금지와 허용의
이분법을 넘어서

"진정한 자유와 실질적 평등을 지향한다"

　프롤로그에서 간단히 언급했듯이 혐오표현이 골치 아픈 논쟁을 야기하는 가장 큰 이유는 그것이 '표현'이기 때문이다. 표현의 자유를 쉽사리 포기할 수 없기에, 혐오표현이 표현에 머무는 한 함부로 제한해서는 안 된다. 그래서 혐오표현 문제는 늘 표현의 자유와의 대립 속에서 논의되곤 한다. 한편에서는 표현의 자유가 우선된다고 주장하지만, 다른 한편에서는 평등이나 '차별로부터 자유로울 권리'를 더 중시한다.[1] 인종주의나 호모포비아가 초래하는 위험에 주목하는 의견이 있는 반면, 표현에 대한 규제가 초래하는 부작용이나 검열censorship의 위험을 경고하는 입장도 있다.[2] 심지어 하나의 국제인권조약 내에도 충돌하는 것처럼 보이는 두 조항이 나란히 있다. 자유권규약 19조 2항은 "모든 사람은 표현의 자유에 대한 권리를 가진다"고 규정하지만, 바로 이어 20조 2항은 "차별, 적의 또는 폭력의 선동이 될 민족적, 인종적 또는 종교적 증오의 고취는 법률에 의하여 금지된다"고 규정한다. 개별 국가의 헌법에도 표현의 자유와 평등/차별금지가 동시에 규정되어 있는 경우가 많다.

학계에서는 혐오표현 규제에 관한 논의를 '유럽식 접근'과 '미국식 접근'으로 양분하는 것이 일반적이다. 전자를 '광범위 규제extensive regulation', 후자를 '최소 규제minimal regulation'라고 부르기도 한다.[3] '유럽식 접근'이 국가가 법으로 혐오표현을 금지하는 것이라면, '미국식 접근'은 국가의 법적 금지 조치 외에 다른 방법으로 혐오표현에 대처해야 한다는 입장이다. 다소 도식적이긴 하지만 두 입장을 간략히 비교해볼 필요가 있다.[4]

유럽식 접근: 규제 찬성론

혐오표현 규제의 가장 중요한 논거는 무엇보다 혐오표현의 '해악'이다. 혐오표현의 해악은 혐오표현의 표적이 된 소수자의 정신적 고통, 다양한 정체성을 가진 구성원들이 함께 살아갈 수 있는 공존 조건의 파괴, 그리고 차별과 폭력으로 이어질 가능성 등으로 요약된다. 그리고 이러한 해악을 초래하는 혐오표현은 자연스럽게 인간 존엄이나 평등 등 헌법적 가치를 훼손하며, 이러한 혐오표현은 규제해야 마땅한 불법으로 간주된다.

혐오표현도 표현인 이상, 이른바 '사상의 자유시장'에 맡기자는 주장이 있지만, 사상 시장에서의 '자유롭고 평등한 경쟁'을 가정하는 것은 "합리적 숙의의 잠재성을 과대평가"[5]한 것이라는 반론이 제기된다.[6] 실제로 시장에 참여하는 당사자들은 소수자이고 실질적으로 불평등한 상황에 놓여 있다. 이러한 상황에서는 '공정한 경쟁'을 기대하기 어렵다. 다수자들이 공론을 장악한 상황에서 소수자들 스스로 혐오표현에 맞서 싸울 수 있겠냐는 의문이 남는다.[7] 그렇다고 제3자인 청중들이 혐오표현이 발붙일 곳이 없도록 충분히 지지하고 연대하는 것도 아니다. 그럼에도 혐오표현에 개입하지 않겠다는 것은 현실의 권력관계를 인정하고 시장의 실패를 방치하겠다는 것과 다름없다.[8]

그래서 자유롭고 공정한 경쟁이 작동하는 시장을 위해, 마치 경쟁법이 시장의 자유를 위해 담합이나 독과점을 규제하듯이 혐오표현을 규제하여 소수자를 보호하는 조치가 필요하다는 주장이 설득력을 갖는다. 또한 혐오표현은 소수자의 존재 자체를 승인하지 않겠다는 의지의 표현이며, 이는 곧 시장의 성립 자체를 부정하는 것이기도 하다. 경쟁은 서로의 존재를 인정한다는 전제 하에서나 가능한 것이지, 존재 자체를 부정하는 입장을 상대로 정상적인 토론의 장이 열릴 수는 없다.[9]

미국식 접근: 규제 반대론

반면, 혐오표현 규제에 반대하는 입장도 있다. 규제 반대론은 무엇보다 혐오표현이 초래하는 해악의 실체를 의심한다. 개별 소수자들이 혐오표현으로 인해 괴로울 수는 있지만 소수자 '집단'이 일반적으로 어떤 손해를 입는다는 것은 막연한 가정에 불과하다는 것이다. 개인이나 특정 집단에 대한 해악은 민사배상을 통해 해결하면 되므로 소수자 집단에 대한 해악을 별도로 인정하여 국가가 개입할 필요는 없다는 입장이다. 혐오표현이 폭력이나 제노사이드로 이어진다는 주장에 대해서도 그것은 어떤 경향일 뿐, 인과관계가 있는 것은 아니라고 본다.[10] 그런 위험은 경계해야겠지만 표현 자체를 처벌해서는 안 된다는 것이다. 실제로 미국의 경우 싸움을 거는 말fighting words, 협박, 폭력 선동 등과 같이 구체적인 손해가 명백하고 임박했을 때는 법이 개입할 수 있지만 대부분의 혐오표현은 이런 사유에 해당하지 않는 것으로 간주된다.

또한 혐오주의자들이 혐오표현을 금지당하면 억압된 감정이 쌓여서 오히려 더욱 해악이 큰 행동으로 이어질 수 있다는 우려도 제기된다. 표현의 자유는 일종의 '압력 밸브'와 같아서 위험한 행동으로 폭발하기 전에 김을 빼주는 역할을 한다는 것이다.[11] 즉 분노를 자극하는 것보다는 하고 싶은 말을 배설하게 하는 것이 오히려 더 큰 해악을 막아준다는 논리다.[12]

인위적 '개입'이 불가피한 이유

혐오표현이 별다른 해악을 초래하지 않고 자연스럽게 퇴출될 수만 있다면, 그렇게 사회가 혐오표현을 견뎌낼 수만 있다면 그것이 가장 바람직한 방향일 것이다. 혐오표현이 발화되어도 표적집단 구성원들이 사회 다수의 지지와 연대 속에서 마음의 상처를 위로받을 수 있고,

말이 칼이 될 때

움츠러들지 않고 생활을 할 수 있으며, 혐오표현이 말에서 그칠 뿐 차별과 폭력으로 이어지는 경로가 철저하게 차단될 수 있다면 혐오표현을 규제할 이유는 없다. 사회의 처분에 맡기면 되는 일이다.

하지만 그렇게 자연스러운 해결이 불가능하기 때문에 우리는 이렇게 긴 얘기를 하고 있는 것이 아니겠는가? 혐오표현으로 정신적 고통을 받고 사회 구성원으로서 지위를 누리지 못하는 당사자가 있는 것이 엄연한 현실이고 우리 사회가 자율적으로 이런 현실을 타파하지 못하고 있다면 무언가 인위적인 조치가 불가피하다. 이 상황에서 아무런 조치가 취해지지 않는다면 추가적인 피해를 야기할 수 있다. 막연한 방치는 혐오표현이 '허용'되어 있다는 잘못된 신호를 줄 수 있기 때문이다.[13]

따라서 혐오표현에 대한 어떤 인위적인 '개입intervention'은 불가피하다. 특히 국가가 법을 통하여 어떤 공식적 조치를 취하는 것이 반드시 필요하다. 혐오표현에 내성을 갖지 못한 한국 시민사회의 현실을 고려하면 더더욱 그러하다. 그렇다면 이제 논점은 여러 규제 장치들을 '어떻게' 배치할 것인가의 문제로 전환되어야 한다.[14] 여기서 '규제'는 어떤 문제에 대한 '개입'을 뜻한다. 이 개입이 반드시 형사처벌을 말하는 것은 아니다. 형사 규제나 행정 규제는 물론, 여건과 배경을 바꾸는 규제나 교육이나 인식 개선 활동을 통해 혐오표현의 토대 자체를 바꿔나가는 국가 정책 역시 규제에 해당한다. 다양한 가능성을 열어놓고 대안을 모색해야 한다는 얘기다.

표현의 자유를 증진하는 개입

개입의 불가피성을 얘기했지만 여전히 표현의 자유에 대한 미련을 버릴 수는 없다. 혐오표현에 "더 많은 표현more speech"[15]과 "더 좋은 사상으로 맞서는 것"[16]이 "최고의 복수"[17]이며, 표현의 자유의 확대야말로 소수자의 평등을 증진하는 것[18]이라는 입장을 단순히 자유주의적 낭만으로 폄하할 수는 없다. 여기서 표현의 자유가 인격적 자기실현의 수단으로 인간의 고귀한 권리이고 사회진보와 민주주의의 필수 요소라는 점을 다시 한 번 확인할 필요가 있다. 1789년 프랑스 '인간과 시민의 권리 선언' 제11조가 말하듯 "사상과 의견의 자유로운 소통은 인간의 가장 고귀한 권리 중 하나"이고, 존 스튜어트 밀John Stuart Mill과 존 밀턴John Milton이 말하듯 틀린 의견이 오히려 "진리를 더 생생하고 명확하게 드러낼 수 있는 대단히 소중한 기회"를 제공할 수 있으며,[19] "진리의 논박이야말로 거짓에 대한 최선의 가장 확실한 억압"[20]이다. 우리 헌법재판소 역시 "표현의 자유가 보장되어 있지 않은 나라는 엄격한 의미에서 민주국가라 하기 어려운 것"[21]이라고 확인한 바 있다.

표현의 자유는 원래 '소수자'의 권리로서 의미가 있는 것이다. 다수자나 강자는 자유자재로 표현의 자유를 누릴 수 있지만 소수자에게 표현의 자유는 자신의 인권을 실현하기 위한 핵심적 가치다. 생존권, 평등권, 참정권, 노동권 등 모든 권리의 실현을 위해 소수자는 자신의 권리를 표현할 수 있어야 한다. 표현의 자유는 다른 권리의 실현을 위한 전제조건인 것이다. 그래서 소수자의 권리를 보장하기 위하여 표현의 자유를 제한하는 것은 최대한 신중해야 한다. 표현의 자유에 대한 규제 총량이 증가하는 것은 언제든 부메랑으로 돌아올 수 있음에 주의를 기울여야 한다는 것이다. 표현의 자유를 훼손하지 않으면서 혐오표현 문제를 해결하는 것은 소수자의 관점에서도 유리한 선택지일 수 있다.

따라서 혐오표현에 대한 개입은 혐오표현을 '금지'하고 '처벌'하는 것보다는 더 많은 표현이 혐오표현을 격퇴시킬 수 있도록 표현의 자유를 '지원'하는 쪽으로 방향을 잡아야 한다. 이것이 바로 '표현의 자유를 증진하는 개입'이다. 즉 "희생자와 그 지지자들에게 혐오표현행위에 대응하게 하는 실질적, 제도적, 교육적 지원"을 함으로써 "희생자들로 하여금 혐오표현행위의 '침묵하게 만드는 효과'에 도전하게 하고, 혐오표현 화자의 주장을 반박"할 수 있도록 지원하는 정책으로 나아가야 한다는 것이다.[22] 11장에 소개될 '형성적 규제' 조치들이 대부분 여기에 해당한다.

형성적 규제는 범국가적 차원에서 반차별 정책을 시행하고, 교육과 홍보를 통해 인식을 제고하고, 소수자 집단에 대한 각종 지원 대책을 마련하는 것이 핵심이다. 이러한 형성적 규제는 궁극적으로 혐오표현에 맞서 싸울 수 있는 시민사회의 역량을 강화하는 역할도 한다. 예를 들어, 국가나 지방자치단체가 청소년 성소수자 상담센터를 지원한다면 청소년 성소수자의 인권을 보호하고 그들의 역량을 강화하는 계기가 될 수 있다. 퀴어문화축제를 지지하고 지원한다면 성소수자의 자긍심을 강화하게 될 것이다. 이러한 규제를 '금지하는 규제'와 대비되는 '지지하는 규제'라고 부를 수도 있을 것이다.

이러한 개입은 '형식적 평등'[23]이 아닌, '실질적 평등'을 지향하는 것이기도 하다.[24] 형식적인 자유가 주어져도 소수자가 실제로 자유를 누릴 수 있는 여건이 마련되어야 진정으로 자유가 있다고 말할 수 있다.[25] 여기서 국가 개입의 목표는 바로 이 '진정한 자유'와 '실질적 평등'의 실현을 위해 소수자의 '자력화empowerment'를 지원하고 시민사회의 대항 담론을 활성화하는 것을 지향한다.[26] 이것은 금지와 처벌을 위한 개입이 아니라, 개인의 권한을 강화하고 그들의 대항표현을 지원하는 개입을 말한다.[27] 이를 통해 소수자 및 그와 연대한 시민사회가 혐오표현에 맞서 싸우는 것이야말로 혐오표현에 대처하는 가장 원칙적인 방법이다.[28]

이러한 형성적 조치가 형사범죄화 등의 금지 정책과 반드시 충돌하는 것은 아니다.[29] 형사범죄화는 어차피 혐오표현의 일부에만 적용될 뿐이며 대증 요법에 불과하다. 차별 구제나 민사 규제도 형사범죄화와 마찬가지로 사후적이고 소극적인 방식이라는 한계가 있다. 따라서 형사범죄화나 차별 구제를 시행하더라도 뿌리박힌 차별 관념을 근본적으로 바꾸기 위해서는 형성적인 방법으로 만들어진 '사회적 관행'에 의해 혐오표현의 물질적 기반 자체를 없애는 것이 중요하다.[30]

특히 학교 교육과정에서 혐오와 차별 문제에 관한 적극적인 개입이 중요하다. 편견을 해소하는 방법으로는 집단 간의 대화를 확대하고, 올바른 정보를 충분히 제공하고, 각 집단의 범주를 넘어 상위 범주로 인식하게 하는 것 등을 생각해볼 수 있다.[31] 동성애혐오를 예로 든다면, 동성애에 대한 올바른 정보를 교육적 차원에서 제공받고, 한

교실에서 동성애자 친구와 더불어 지내며, 그들을 외집단이 아니라 친구이자 동료 시민으로 인식할 수만 있다면 동성애에 대한 편견은 쉽게 형성되지 않을 것이다. 이러한 조건을 형성하는 것이야말로 동성애혐오에 대한 사회의 내성을 기르는 근본적인 방법이다.

표현의 자유를 증진하는 개입이야말로 부작용이나 규제 남용의 위험 없이 혐오표현을 억제할 수 있는 가장 좋은 방법이다. 금지와 허용의 무익한 대립을 넘어설 수 있는 제3의 선택지이기도 하다. 이러한 형성적 규제를 통한 해결이 더 풍부하게 논의되고 실행되어야 한다. 강제적 금지 조치를 배제하자는 것은 아니다. 그에 관한 논의는 형성적 규제로 해결될 수 없는 문제 영역이 무엇인지 찾는 것에서부터 시작될 수 있을 것이다.

10장

'혐오표현 범죄화'의
명암

"합법이라는데 뭐가 문제냐"

혐오 1. "나는 동성애가 죄악이라고 믿는다."

혐오 2. "동성애는 병이며 죄악이다."

혐오 3. "패그[1]는 지옥에 떨어져 불타버려야 해."

혐오 4. "죽어버려라, 이 패그야."

혐오 5. "이 패곳아, 너는 대가를 치르게 될 거야."

이 중 법에 의해 형사처벌을 받아 마땅한 것은 몇 번일까? 어느 사전[2]이 구분해놓은 혐오표현의 단계를 문제로 만들어보았다. 단순히 불쾌하거나 비도덕적인 표현을 고르라는 것이 아니라 형사처벌을 받아야 할 표현이 무엇이냐는 질문이다. 혐오표현에 대한 가장 강경한 대응은 혐오표현을 '범죄화'하는 것이다. 형사범죄화는 화끈한 해법이지만 그만큼 장단점이 뚜렷하다. 일단 국가가 공식적으로 혐오표현을 '범죄행위'로 확정하는 것은 그 자체로 큰 의미가 있다. 그 상징적

의미가 갖는 파급력은 결코 작지 않을 것이다. 하지만 그 한계와 부작용도 간과할 수 없다.

뛰는 규제 위 나는 혐오표현

무엇보다 형사처벌이 혐오표현에 대한 효과적인 대책이 될 수 있을지 따져봐야 한다. 남용 가능성 등 형사범죄화에 따른 여러 가지 부작용을 줄이기 위해서는 구성요건을 엄격하고 좁게 설정할 수밖에 없다. 예컨대 '증오선동'에 해당하는 것만 처벌하는 것이다. 이 경우 선동은 아니지만 실제로 심각한 혐오와 편견을 조장하는 표현에 대해서는 속수무책일 수 있다.[3] 예컨대 혐오 3, 혐오 4, 혐오 5를 증오선동으로 보고 처벌한다면 혐오주의자들은 표현을 순화시켜 혐오 1과 혐오 2같이 에둘러 표현할 것이다. 추상적이고 일반적인 의견을 제시하는 것처럼 위장하거나 상징적이고 암시적인 표현을 활용하는 방식으로 교묘하게 법망을 피하는 것이다.[4] 전략적인 혐오표현 발화자는 처벌하지 못하고, 부주의하고 감정적인 사람들만 법의 심판을 받게 될 수도 있다. 문제는 혐오 1과 혐오 2의 표현 수위가 낮다고 해서 해악이 덜한 것은 아니라는 점이다. 전략적인 선동가는 혐오 1과 혐오 2 정도의 표현으로 얼마든지 선동의 효과를 낼 수 있을 것이다. 아마 일베 같은 곳에서는 혐오 1과 혐오 2같이 하고 싶은 얘기는 하면서 법망을 빠져나가는 '기법'이 널리 소개될 것이다. 이 상황에서 혐오 3, 혐오 4, 혐오 5만 법규제의 대상으로 삼는다면 법은 해악이 더

말이 칼이 될 때

큰 혐오표현을 선별하여 규제하는 것이 아니라 법으로 규제'할 수 있는' 표현만 규제하는 꼴이 될 수 있다.

법으로 진정한 문제 해결을?

혐오표현이 금지되면 사회의 담론이 합법 표현과 불법 표현으로 이분화되어 그동안 도덕 · 비도덕, 사회적 · 반사회적 등 다양한 가치판단에 의해 논의되던 것들이 합법 · 불법이라는 논점으로 급격하게 빨려 들어갈 수 있다.[5] 이전에는 반사회적이라고 비판받던 것들이 '합법이라는데 뭐가 문제냐'는 식의 엉뚱한 정당화 기제를 갖게 될 수도 있다. 형법의 판단은 일도양단—刀兩斷이다. 유죄 아니면 무죄다. 이론상 무죄는 '국가형벌권을 동원할 문제가 아님'이 소극적으로 표명된 것에 불과하지만 현실에서의 무죄는 '문제없음'으로 이해되는 경우가 다반사다.

형사범죄화로 인해 문제 해결을 위한 정치적 에너지가 처벌에만 집중된다는 문제도 있다.[6] '합법'이라고 인정하면 사회는 그것을 '문제없음'으로 받아들이고 문제 해결을 위한 추가적인 노력을 회피하곤 한다. 반면, '불법'으로 판결하여 처벌에 성공하면 문제가 해결되었다는 착시현상이 생기고 국가는 자기 역할을 다했다는 면죄부를 얻어 더 중요한 근본적인 문제 해결을 등한시할 수 있다.

법이 발화자 처벌에만 머무른다는 것도 문제다. 혐오표현의 원인에는 복잡한 정치 · 사회 · 경제적 배경이 깔려 있어서 이런 것들을 도외시한 채 혐오표현의 '발화자'만 처벌하는 것은 진정한 문제 해결과는 거리가 있다는 것이다.[7] 범죄를 낳은 것은 '사회'인데, 처벌받는 것은 범죄를 저지른 '사람'이 된다는 문제다. 금지와 처벌로 인해 겉으로는 법규제가 성공한 것처럼 보일 수 있지만 수면 아래에 있는 혐오와 차별은 언제든 다른 형태로 나타날 수 있다.

혐오표현 규제의 오남용이 주로 민주주의와 인권 보장의 수준이 낮은 나라에서 나타났다는 점을 주의 깊게 봐야 한다.[8] 한국처럼 표현의 자유의 보장 수준이 낮은 경우라면 혐오표현금지법의 도입이 양날의 칼이 될 공산이 크다. 표현의 자유를 억압하는 기제들이 남아 있는 상황에서 새로운 규제가 추가된다면[9] 국가 규제의 총량이 확대되는 결과를 낳고,[10] 결국 본래 의도와는 달리 '국가가 나쁜 표현을 금지할 수 있다'는 메시지를 줄 수 있기 때문이다.[11] 실제로 혐오표현이 금지된다면 그보다 더 위험한(!) '종북 세력' 등 반국가행위자들의 표현도 규제해야 한다는 주장이 나오지 않으리란 보장이 없고, 이것이 정치적 반대자들의 목소리를 억누르는 데 활용될지도 모른다.

형사범죄화의 조건

만약 '증오선동'에 해당하는 표현만을 형사처벌 대상으로 삼는다면 표3과 같은 기준이 제시될 것이다. 최근 국제 시민사회가 혐오표현에 대한 형사처벌의 범위를 축소함으로써 그 부작용을 최소화하려는 시도에 관심을 갖기 시작했다는 점에 주목해보자.[12] 표3은 표현의

표3. 선동 테스트(Incitement Test)[13]

맥락	- 폭력 등 사회적 충돌이 있었는지 여부 - 제도화된 차별이 존재하고 있는지 여부 - 청중과 소수자 집단이 서로 충돌한 역사가 있는지 여부 - 차별금지법과 표현의 자유에 관한 법률이 있는지 여부 - 미디어가 얼마나 다원적이고 공정한지 여부
발화자	- 발화자의 공식적 지위 - 발화자의 권위와 영향력 - 특히 정치인, 공직자의 경우에는 특별하게 다뤄져야 함
의도	- 혐오를 고취하는 데 관여하려는 의도 - 소수자 집단을 특정하려는 의도 - 자신의 발언이 어떤 결과를 가져올 것인지에 관한 인지 여부 - 표현의 확대 범위와 반복성
내용	- 무엇을 고취하고 있는지: 폭력선동 여부 등 - 청중 - 차별선동의 대상(소수자 집단) - 표현의 자극성, 도발성, 직접성의 정도 - 배제 사유: 예술적 표현, 종교적 표현, 학술적 의견, 공적 담론에 　기여 - 명백한 허위인지, 가치판단의 문제인지 여부
범위와 크기	- 제한된 청중만을 대상으로 했는지 여부 - 표현의 전파 수단 - 표현의 강도와 규모: 반복성, 전파 범위 등
해악 발생의 가능성	- 차별, 폭력, 적대행위에 대한 직접적인 요청인지 여부 - 화자가 실제로 영향을 줄 수 있는 상황인지 여부 - 청자가 실제로 영향을 받을 수 있는 상황인지 여부 - 소수자 집단이 실제로 차별을 겪고 있는지 여부

자유를 옹호하는 국제인권단체인 아티클19가 증오선동을 판단하는 기준으로 제시한 것이다.

혐오표현을 형사처벌하는 나라들은 대개 '증오선동'에 해당하는 혐오표현을 규율하고 있는데, 아티클19가 제시한 기준은 더욱 구체적이고 엄격하다. 표현의 자유를 옹호하는 단체답게 표현의 자유를 위태롭게 하지 않는 수준에서 혐오표현을 규제하기 위해 세심한 기준을 마련한 것이다. 실제로 위험성이 높은 '폭력선동'만 규율하자는 제안도 있다.[14] 미국에서 표현에 대한 국가 개입의 척도로 활용되어온 '브란덴버그 심사Brandenburg Test'에 따르면, "즉각적인 불법 행동을 자극하고 만들어내는 것을 지향하고 있고, 그러한 행동을 선동하거나 만들어낼 가능성이 있을 때"[15]에만 국가 개입이 정당화되고, 이때 불법 행동은 폭력이나 공공질서의 문란을 뜻하는 것으로 해석된다.[16] 이 기준을 적용하면, 차별, 적의에 대한 선동은 제외되고, 폭력에 대한 선동만 범죄화된다.[17] 이렇게 되면 규제 범위가 상당히 좁아지고 더욱 명료해지며, 폭력이 임박한 상황에서는 사상의 시장을 통한 해결을 시도할 여유가 없다는 점에서 국가 개입의 정당화도 한결 쉬워진다.[18] 이 요소들은 형법의 구성요건에 최대한 자세히 포함되는 것이 가장 바람직하며, 법 적용 과정에서도 참고가 될 수 있다.

이러한 점을 고려하면 청중의 행위를 촉발하는 직접적인 선동, 인터넷에서 벌어지는 반복적이고 노골적인 혐오표현, 혐오표현 구제 신청에 대한 보복 등을 형사범죄화하는 것이 우선적으로 고려될 수 있다.[19] 적절한 수준으로 규율 범위를 좁힌다면 혐오표현 규제가 표현의 자유와 충돌한다고 할 수는 없을 것이다.[20]

하지만 이처럼 규제 범위를 좁힌다면 부작용이나 남용 가능성, 표현의 자유와의 충돌 가능성을 차단할 수는 있겠지만, 극단적인 형태의 혐오표현만 규제 대상이 된다는 문제가 생긴다. 여기에 포괄되지 않는 혐오표현에 대한 대책은 형사처벌이 아닌 다른 방법에 의존해야 한다는 의미다. 규제 범위를 넓히면 넓히는 대로, 좁히면 좁히는 대로 문제다. 형사범죄화의 딜레마다.

말이 칼이 될 때

처벌이 혐오표현을 줄일 수 있을까

혐오표현 규제는 혐오표현을 막거나 줄이는 데 기여해야 하지만 혐오표현의 형사범죄화로 그런 효과를 거둘 수 있을지는 미지수다. 실제로 형사범죄화를 시행하고 있는 나라들에서도 유의미한 효과가 있는지 제대로 검증된 적은 별로 없다.[21] 독일은 세계에서 가장 강력한 혐오표현금지법을 시행하고 있지만 최근 반이슬람·반이민 정서가 커지면서 극우 세력에 의한 강력범죄가 2014년 1029건에서 2016년 1698건으로 크게 늘었다고 한다.[22] 표현 단계에서 강력한 입법 조치를 취했음에도 거기서 파생하는 범죄행위를 막아내지 못하고 있는 것이다.

혐오표현을 규제하고 있는 나라에서 생각보다 집행 실적이 미미하다는 점도 주목해야 한다. 실제로 혐오표현이 처벌된 건수는 영국이 매년 3~4건, 독일이나 프랑스도 100여 건에서 200여 건 정도에 불과하고 대부분 벌금형에 그쳤다고 한다.[23] 상식적으로 추정해볼 때 이들 나라에서 혐오표현에 해당하는 실제 사례는 이보다 훨씬 많을 것이다. 그럼에도 실제 처벌 건수가 적다는 것은 법적 혐오표현의 범위가 매우 협소하거나, 아니면 중요한 사건만 선별적으로 기소했다는 얘기다.[24]

물론 형사범죄화가 반드시 모든 혐오표현을 남김없이 적발하고 처벌해야만 의미가 있는 것은 아니다.[25] 형사범죄화의 '상징적 기능'에 주목할 필요가 있다. 혐오표현에 대한 금지, 처벌이 한편으로는 국가가 소수자들의 인권을 보호하고 있다는 신호를 소수자들에게 보냄으로써 그들을 안심시키고, 다른 한편으로 시민사회를 향해 혐오표현을 관용하지 않는다는 도덕적 정체성과 사회적 가치를 확인시켜줄 수 있다는 것이다.[26] 이때 혐오표현금지법은 "공적 선언"[27]으로서 "상징적 가치"[28]를 갖는다.

심리학자 올포트는 이와 관련하여 법이 사람들의 편견을 직접 없애는 것은 아니지만 소수자를 차별하면 안 된다는 사실을 공식화하고 사람들의 행동을 유도함으로써 생각과 감정에 영향을 미치는 '교육적' 기능을 수행할 수 있다고 했다.[29] 법이 극단적인 편견을 가진 선동가들의 행동까지 막을 수는 없더라도 일반 대중들에게는 충분한 행위 동기를 제공할 수 있다는 것이다. 누스바움도 법만으로 사회 변화가 가능할 것으로 생각하면 안 된다면서도 법이 "취약 계층의 권리를 보호하며, 사회 전체에 자유와 평등은 우리 모두를 위해 만들어진 것임을 알리는 신호를 보낸다"[30]는 점에 주목한다.

그렇다면 집행 실적이 별로 없다거나 혐오표현 근절에 직접적인 효과가 없다는 것은 형사범죄화의 결정적인 문제가 아니다.[31] 좁은 범위의 중한 혐오표현만 규율한다고 해도 문제될 게 없다. 혐오표현이 '범죄'로 공인받은 것만으로도 '국가의 강력한 처벌 의지'를 보여줄 수 있기 때문이다.[32] 반드시 강한 처벌이 필요한 것도 아니다. 징역형 대신 벌금형만으로도 상징적 목적은 달성될 수 있다.

물론 '상징 기능'이 유일한 목적이라면 반드시 혐오표현을 형사범죄화할 필요는 없다.[33] 국가의 '의지'를 보여주는 방법은 형사범죄화 말고도 얼마든지 있기 때문이다.[34] 예컨대 혐오표현이 폭력이나 실제 차별로 이어지는 순간부터 가차 없이 처벌하거나(증오범죄법과 차별금지법의 강력한 시행!), 정치 지도자가 수시로 분명한 의지를 천명하거나, 교육 등을 통해 다양한 반혐오표현 정책을 시행하는 것만으로도 국가의 의지가 천명될 수 있다. 그렇다면 벌칙 조항 없이 차별금지법에 혐오표현을 금지한다는 선언적인 조항만 넣더라도 의미가 있을수 있다.[35] 같은 이유에서 일본의 헤이트 스피치 해소법이 벌칙 조항이 없다는 이유로 폄하되어서는 안 된다. 형사범죄화가 '조금 더 강력한' 의지를 표명하는 방법일 수는 있지만 그 유일한 방법은 아니라는 것이다.

결국 혐오표현을 형사범죄화한다고 해도 형사범죄화할 수 없는 혐오표현은 다른 방법에 의해 규율해야 하며, 근본적인 문제 해결은 다른 형성적 조치들에 맡겨질 수밖에 없다. 형사범죄화에 무조건 반대하는 게 아니다. 다만 그 효과를 과장해서는 안 되며, 형사범죄화로얻을 수 있는 것과 없는 것을 염두에 두어야 한다는 것이다.

11장

혐오표현 해결,
하나의 방법은
없다

"차별시정기구라는 컨트롤 타워"

박근혜 탄핵 촛불집회 때의 일이다. DJ DOC의 신곡에 여성혐오적 내용이 들어 있다는 지적이 제기되면서 그들은 결국 무대에 오르지 못했다. 국회에서는 박근혜 풍자그림이 여성혐오 작품이라는 이유로 전시가 중단되었다. 두 사건에서 공히 '표현의 자유' 주장이 제기되었다. 표현이 '제한'을 받은 것은 사실이다. 규제된 것이다. 그런데 여기서 규제와 제한은 형사 제재와는 무관하다. 혐오표현 규제에 관한 찬반 논쟁을 보면 대개 '형사처벌'을 규제라고 전제하는 것 같다. 하지만 현실에서 보면 혐오표현을 규제하는 것은 형사처벌만이 아니다.

금지하는 규제, 지지하는 규제

혐오표현 규제를 논하기 위해서는 '규제'가 무엇을 뜻하는지부터 정리할 필요가 있다. 그래야 그 '규제'에 대해 찬반 논쟁을 벌일 수 있기 때문이다. 대략적으로 구분해보면, 규제는 '금지하는 규제'와 '형성적 규제'로 나뉜다. 전자는 형사 규제, 민사 규제, 행정 규제로, 후자는 국가·법적 규제, 자율적 규제로 세분화된다.

먼저 표현의 자유를 증진하는 개입부터 살펴보자. 앞서 '형성적 규제'라고 표현했던 것들이 대부분 표현의 자유를 증진하는 개입에 속한다. 혐오표현을 금지하여 직접 격퇴하는 것이 아니라 더 많은 표현을 활성화시키고 소수자 집단과 시민사회가 혐오표현에 대한 내성을 가질 수 있게 지지하고 지원하는 정책을 실시하는 것이다. 구체적으로는 교육, 홍보, 정책, 지원, 연구 등 다양한 방법이 있으며, 체계적인 정책 수립과 집행을 위해서는 차별금지법의 제정이 필요하다. 차별금지법에는 차별의 금지와 구제뿐만 아니라 차별을 근본적으로 일소하는 범국가 차원의 대책이 법제화되어야 한다.

이때 '금지하는 규제'는 불필요한 것일까? 그렇지는 않다. 지지하는 규제 정도로 해결이 불가능한 경우가 있기 때문이다. 아무리 사상의 자유시장이 작동해도 자정이 불가능하다면 개입이 불가피하다. 자유주의자들도 경쟁이 불가능한 경우에는 인위적 개입을 반대하지 않는다. 아니, 오히려 진정한 경쟁을 위해 적극적인 개입이 필요하다고 주장하기도 한다. 혐오표현과 관련해서도 마찬가지다. 사회적 자정이 어려울 정도로 이미 그 해악이 막대하거나, 해악이 명백하고 임박하여 사전 예방이 필요하거나, 사회적 영향력이 강력한 영역이라 사전적 조치가 불가피하거나, 권력관계가 연동되어 있어 사회적 약자의 반격이 사실상 불가능한 경우라면 강제 개입이 불가피하다.[1]

말이 칼이 될 때

표4. 혐오표현의 규제 방법

금지하는 규제	형사 규제	형사처벌	
	민사 규제	손해배상	
	행정 규제	차별 구제, 방송심의	
형성적 규제 (지지하는 규제)	국가 · 법적 규제	교육	공무원 인권교육과 시민 인권교육
		홍보	국가적 차원의 홍보 · 캠페인, 영화 · 영상물 제작을 통한 인식 제고 활동
		정책	공공(교육)기관에서의 반차별 정책 시행
		지원	소수자(집단)에 대한 각종 지원
		연구	차별 문제에 대한 조사, 연구
	자율적 규제	스포츠 · 온라인 영역에서의 자율 규제, 사기업 · 대학에서의 자율 규제, 인권 · 시민단체의 반차별운동	

형사 규제

2004년 스웨덴에서는 동성애를 비난하는 수백 장의 전단지를 뿌린 사람들이 처벌되었다. 전단지에는 동성애를 "사회의 본질에 도덕적으로 파괴적인 효과"를 끼치는 "성적인 일탈 성향"으로 간주하며 동성애의 "문란한 생활 방식" 때문에 HIV-AIDS가 확산되고 있다고 비난하는 내용이 담겨 있었다.[2] 이 전단지는 특정인을 비난하고 있지 않았지만 인종, 피부색, 민족적 또는 종족적 기원, 종교적 신념, 성적 지향 등과 관련하여 어떤 집단을 위협하거나 멸시하는 말을 퍼뜨리는 행위를 처벌하는 스웨덴 형법(Chapter 16, Section 8)에 의거하여 처벌되었다. 이것이 바로 혐오표현에 대한 처벌이다.

혐오표현을 '금지'하고 발화자를 '처벌'하는 것은 혐오표현에 대한

171

가장 강력한 대책이다. 국제인권규약에서도 자유권규약 20조 2항의 "금지", 인종차별철폐협약 4조의 "범죄"라는 규정으로 혐오표현이 형사범죄임을 확인하고 있다. 유럽이사회의 '컴퓨터를 통한 인종주의, 외국인 증오적 행위의 형사처벌에 관한 사이버범죄협약의 추가 의정서[3]도 '형사처벌'을 명시적으로 언급하고 있다. 앞서 살펴본 바와 같이 상당수의 국가들이 혐오표현을 형사범죄화하고 있지만 한국에는 관련 규정이 전무하다.

형사범죄화한다면 혐오표현의 범위를 확정해야 한다. 앞서 구분했던 네 가지 유형의 혐오표현 가운데 네 번째 유형인 '증오선동'[4]이 형사처벌의 우선적 대상이 될 수 있다.[5] 국제규범이 금지하는 혐오표현의 유형도 증오선동이다. 실제로 자유권규약과 인종차별철폐협약은 차별, 적의, 폭력에 대한 "선동"과 "고취, 고무advocacy" 등을 혐오표현의 주요한 구성요소로 활용하고 있다. 각국의 혐오표현금지법도 사실상 증오선동을 대상으로 삼고 있다.

독일 형법(Strafgesetzbuch, 130조 1항, 2항)의 "증오를 선동하는", "폭력적·자의적 조치를 촉구하는", 캐나다 형법(Canada Criminal Code 1985, 319조 1항, 2항)의 "증오를 선동하는incites hatred", "증오를 의도적으로 조장하는wilfully promotes hatred", 영국 공공질서법·인종종교혐오법 (Public Order Act 1986, 18조 1항; Racial and Religious Hatred Act 2006) 의 "증오 유발stir up을 의도하는" 등의 구성요건이 대표적이다. 반면, 덴마크(Penal Code, 266b조)나 뉴질랜드(Human Rights Act 1993, 61조 1항)처럼 의도적인 혐오표현의 공표를 규율 대상으로 삼는 것은 증오선동보다 넓은 범위를 범죄화하는 것이다.

말이 칼이 될 때

민사 규제

2015년 10월 조우석 KBS 이사는 한 토론회에서 "더러운 좌파는 동성애자 무리를 가리키는 저의 카테고리", "동성애자들이 노리는 게 궁극적으로는 국가 전복이라고 확신한다", "동성애자와 좌빨 사이의 더러운 커넥션에 대해 더 이상의 증거는 굳이 필요가 없다" 등의 발언을 했다.[6] 두말할 것도 없이 혐오표현이다. 그런데 조 이사는 이 과정에서 동성애자 두 명의 실명을 거론했다. 동성애자, 장애인, 여성 등 집단을 일반적으로 지칭하여 혐오표현을 하는 경우에는 혐오표현 금지법이 제정되어야 처벌이 가능하지만, 이렇게 구체적으로 누군가가 특정된다면 민사상 불법행위가 성립될 수 있다.[7] 형사범죄화가 발화자 처벌에 초점을 둔다면, 민사 규제는 손해의 원상회복을 목표로 한다는 점에서 차이가 있다. 합리적 의심을 배제할 정도가 되어야 유죄가 되는 형사재판에 비해 민사재판은 상대적으로 입증 정도가 낮은 편이라 구제가 좀 더 용이할 수 있다.[8]

행정 규제: 차별시정기구

차별을 당했다면 차별시정기구에 진정을 제기할 수 있다. 한국의 경우에는 국가인권위원회가 차별시정기구의 역할을 한다.

혐오표현은 차별을 간접적으로 야기하거나 조장한다는 점에서 그 자체로 차별행위도 긴주되기도 한다. 관련 규정을 그렇게 해석할 수

도 있고 아예 관련법에 혐오표현을 차별행위로 정할 수도 있다. 인권
위의 차별시정은 재판 절차에 소요되는 시간, 비용이나 입증의 어려
움 등의 문제를 해결하고, 피해자 친화적인 구제 절차를 제공한다.[9]

차별을 당한 피해자나 제3자는 간단한 절차로 진정을 제기할 수 있
으며, 차별시정기구는 피해자의 편에 서서 적극적으로 차별로 인한
피해를 조사하고 해결한다. 이때 임시 조치, 조정, 시정 권고(차별행위
의 중지, 피해의 원상회복, 차별행위의 재발 방지를 위한 조치, 교육이수), 시
정 권고 불이행 시 시정명령, 이행강제금 부과, 손해배상 등의 다양한
방법을 통해 문제를 해결해나간다.[10]

차별시정기구의 조치들은 "설득과 협력에 기반을 둔 비권력적 방
식"을 통해 당사자들이 자율적 해결을 도모하는 것을 기본으로 한
다.[11] 강제력을 가진 조치를 취하지 못하기 때문에 한계가 있지만 적
극적으로 미래지향적이고 피해자 친화적인 방향으로 사회를 이끌어
나가는 데는 유리한 점이 있다. 또한 단순히 해당 사안에 대한 구제만
하는 것이 아니라 교육, 홍보 등 다양한 형성적 조치를 권고함으로써
문제를 근본적으로 해결하기 위해 노력하기도 한다.

형성적 규제

형사 규제, 민사 규제, 차별시정은 모두 혐오표현을 '금지'하는 방
식인 반면 형성적formative, 촉진적facilitative, 적극적affirmative, 사전 예방적
인 방식의 규제도 있다. 혐오표현의 금지, 처벌을 통한 문제 해결이

사후적·소극적·부정적negative인 조치라고 한다면, 형성적인 규제는 혐오표현이 사회에 발붙이지 못하도록 '여건을 만들어가는' 긍정적 positive인 조치를 말한다.[12] 혐오표현 전단지 배포자들을 형사처벌하는 방법도 있지만, 그러한 전단지가 학교에서 영향력을 발휘할 수 없도록 학생들을 교육하는 것도 중요하다. 그러한 여건을 만들기 위해 교사를 훈련시키고, 교육과정을 제공하고, 관련 수업을 진행하게 하는 것이 바로 형성적 규제다.

국가가 직접 형성적 규제를 할 수도 있지만 시민사회가 자율적으로 할 수 있다. 먼저 국가는 홍보·캠페인, 영화·영상물 제작 지원, 언론을 통한 인식 제고, 소수자 집단에 대한 각종 지원, 공공기관과 공공교육기관에서의 반차별 정책 시행, 차별에 대한 범국가적 차원의 조사·연구, 반차별 시민 교육, 공직자에 대한 인권교육, 방송심의 등의 정책을 시행할 수 있다.[13] 이러한 규제를 '금지하는 규제'와 대비되는 '지지하는 규제'라고 부를 수도 있다. 국가가 관여하는 형성적 조치의 상당 부분은 권고·자문 기능, 교육·홍보 기능을 갖고 있는 차별시정기구가 담당하는 경우도 많다.

시민사회도 형성적 규제에 동참할 수 있다.[14] 예컨대 동아리나 동호회 등 각종 자치 모임에서도 혐오표현에 대한 가이드라인을 만들 수 있을 것이다. 일종의 내규로 만들어 강제력을 부여할 수도 있다. 1990년대 한국 대학가에서 성폭력·성희롱 문제가 불거졌을 때는 성폭력·성희롱 관련 학칙 제정과 함께 성폭력·성희롱 자치규약 제정 운동이 벌어지기도 했다. 학생회, 학회, 동아리 등 학생 자치 조직에서 성폭력·성희롱 문제를 토론하고 자치규약을 만들어 스스로 약속

하고 준수하자는 운동이었다.[15]

혐오표현과 관련해서도 유사한 방식의 대응이 효과적일 수 있다. 2016년 서울대에서는 학부·대학원 총학생회가 인권가이드라인 초안을 제정했는데,[16] 여기에는 "서울대학교 구성원은 개인의 고유한 특성에 대한 편견에 기반한 언어적 폭력, 재산의 도난 및 손괴, 신체적 위해 및 그 위협 등(혐오폭력 및 증오범죄)의 대상이 되지 않는다"(4조 2항)는 규정이 담겨 있다. 대학이라는 공간에서 혐오표현을 규율한 최초의 시도라고 할 만하다. 혐오표현 예방을 위한 인권교육이나 워크숍을 통해 구성원들 스스로 혐오표현에 어떻게 대응할 것인지, 즉 어떻게 혐오표현의 표적이 된 소수자를 보호하고 혐오표현 발화자를 고립시킬 것인지 함께 토론하고 훈련을 하는 것도 훌륭한 대책이다.[17]

이러한 실천은 대학뿐만 아니라 사회 각 영역에서 실행될 수 있는데, 만화가들의 자율 대응 사례가 인상적이다. 〈표현의 자유와 책임: 만화가가 조심해야 할 혐오표현〉[18]이라는 자료를 만든 최인수 작가는 작가의 책무를 외면하면 안 된다면서 만화라는 특성에 맞춰 만화가가 조심해야 할 혐오표현을 단계별로 제시했다. 혐오표현이 맥락과 매체에 따라 다소 다른 기준이 적용될 수 있다는 점을 고려하면 이렇게 특정 영역에서의 자율적 실천은 큰 의미를 갖는다. 이외에도 스포츠·온라인 영역의 자율 규제, 기업의 자율 규제, 시민사회의 각종 반차별 캠페인 등이 형성적 규제의 사례들이다.

규제 반대론자들은 이러한 방식이야말로 혐오표현을 규제하는 가장 효과적인 방법이라고 주장한다. 미국시민권연맹과 같은 시민사회 단체가 "더 적은 표현이 아니라 더 많은 표현이 최고의 복수"[19]라고 말하는 것은 혐오표현을 내버려두자는 것이 아니라 시민사회의 자율적인 노력으로 혐오표현에 대응해야 한다는 것이다.[20] 다만 이들 영역에서의 규제가 혐오표현에 대한 '금지' 조치인 경우, 예컨대 대학에서 표현 강령을 통해 혐오표현을 금지하는 경우에는 엄밀하게 말해 형성적 규제라고 보기 어렵고, 규제 반대론에서도 이러한 조치들이 표현의 자유를 침해한다고 본다.[21] 특정한 영역에서의 자율적 규제에 속하지만 국지적 차원의 금지 규제에 해당하기 때문이다.

컨트럴 타워가 필요하다

혐오표현 규제에 관해 전문가들은 지금까지 설명한 여러 규제방법을 고루 활용하는 것, 즉 포괄적이고 다양한 층위의 접근이 필요하다고 입을 모은다.[22] 형사범죄화, 차별 구제, 민사 규제, 형성적 조치 등의 여러 규제 방법들을 적재적소에 배치하여 활용해야 한다는 것이다. 이때 중요한 것이 차별시정기구의 역할이다. 차별시정기구는 보통 자문·권고와 교육·홍보 기능까지 가지고 있는 경우가 많다. 즉 형성적 규제의 상당 부분은 차별시정기구의 몫이므로 차별적 괴롭힘뿐만 아니라 차별표시행위 등 혐오표현 규제도 차별시정기구가 담당할 수 있다. 민사 규제나 형사처벌로 가기 전에 일종의 관문 역할도한다. 차별시정기구는 이 모든 것을 관장하면서 혐오표현 규제와 차별철폐를 위한 컨트롤 타워의 역할을 하게 된다.

12장

혐오표현 규제, 무엇을 어떻게 할 것인가

"차별금지법 제정이 필요하다"

미국은 세계에서 표현의 자유를 가장 광범위하고 강력하게 보호하는 나라로 알려져 있지만, 미국에서도 모든 표현이 자유를 누리는 것은 아니다. 예를 들어, 폭력(범죄)선동, 실제 위협, 싸움을 거는 말은 미국에서도 불법이다. 이것은 '말'에 그치는 것이 아니라 실질적인 해악을 야기하기 때문이다. 사회의 자정에 맡길 여유도 없이 해악이 발생한다는 점에서 선제적인 개입이 불가피한 문제들이기도 하다.

다른 사람의 사생활을 침해하거나 감정적 스트레스를 의도적으로 야기하거나 국가·군사 기밀을 공개하는 것도 불법이다. 그 자체로 해악을 초래하기 때문이다. 차별과 직결되는 표현도 금지다. 식당에 '유색인종 출입 금지'라는 팻말을 걸어놓는다면 유색인종 출입을 '실제로' 금지하는 결과로 직결되기 때문에 그 자체로 차별이다. 똑같은 말이라고 해도 누가 어떤 맥락에서 하는가에 따라 규제 대상이 될 수 있나. 유색인종을 비난하는 말을 시내 한복판에서 외치는 것은 자

표5. 혐오표현 규제 구상

	내용
표현의 자유를 증진하는 개입	교육, 홍보, 정책, 지원, 연구
괴롭힘 규제	고용 · 서비스 · 교육 영역에서 차별적 괴롭힘 규제
공공영역 규제	방송 · 광고 · 인터넷에서의 규제
증오선동 규제	증오선동에 대한 형사처벌
차별금지 · 증오범죄 처벌	차별행위 금지, 증오범죄 가시화 · 가중처벌

유지만 학교나 회사에서 교사나 상급자가 유색인종 학생이나 직원을 비난하는 말을 했다면 징계를 받는다. 권력관계가 있는 한, 자유롭고 평등한 경쟁이 불가능하고 따라서 사상의 자유시장이 작동할 여지가 없다고 보는 것이다.

국제 기준도 마찬가지다. 자유권규약 19조 3항은 타인의 권리 존중 등의 이유가 있다면 표현의 자유가 제한될 수 있다고 규정한다. 우리 나라 헌법 37조 2항도 국가 안전 보장, 질서 유지, 공공복리 등의 이유가 있다면 필요한 한도 내에서 표현의 자유 등 기본권을 제한할 수 있다고 규정하고 있다. 요컨대 표현의 자유는 불가침이 아니라서 '한계', '제한' 또는 '예외'가 있을 수 있다는 것이다.

문제는 어떤 규제를 어떻게 할 것인가다. 우리의 관점으로 보면 되도록 표현의 자유를 증진하는 개입을 우선시하되(9장), 형사처벌의 부작용을 최대한 피하면서(10장) 다양한 규제 방법들을 적재적소에 배치하는 것(11장) 정도를 일반적인 원칙으로 제시할 수 있을 것이다.

이러한 원칙에 따라 혐오표현 규제를 전체적으로 정리한 것이 표 5다. 표현의 자유를 증진하는 개입을 가장 중심에 놓고, 표현 수준을 넘어 차별이나 폭력으로 나아간 경우에는 강력하게 규제한다. 그리고 혐오표현 자체를 금지하는 것은 고용, 서비스, 교육 등 자율에 맡기기 어려운 영역과 방송, 광고, 인터넷 등 공공성이 강한 영역에 한정한다. 그리고 혐오표현 중 가장 해악이 막대하면서 입증이 용이한 증오선동에 대해서만큼은 형사 규제를 실시하는 것이 기본적인 구상이다.

괴롭힘 규제: 고용·서비스·교육 영역

사상의 자유시장의 원활한 작동을 기대할 수 없는 대표적인 영역이 고용·서비스·교육 영역이다. 상급자와 하급자, 교사·교수와 학생의 '위계적' 관계에서 자율적 해결을 기대할 수는 없기 때문이다. 직장에서 상급자가 하급자를 동성애자라는 이유로 괴롭히거나 학교에서 교사가 학생을 여성이라는 이유로 차별하는 경우를 두고 "자율에 맡기자", "맞서 싸우면 된다"고 하는 것은 순진한 것이 아니라 무책임한 것이다.

권력관계에서 발생하는 혐오표현은 우선적인 규제 대상이 되어야한다. 실제로 이러한 영역에서의 혐오표현은 차별로 직결된다. 여성혐오발언이 만연한 회사의 여성들이 평등한 대우를 받고 있을 리 만무하다. 교수가 성소수자 혐오발언을 제지 없이 내뱉는 대학에서 성소수자 학생들은 여러 가지 불이익을 겪고 있을 가능성이 높다. 3장에서 혐오표현의 한 유형으로 소개했던 '차별적 괴롭힘'이 바로 여기에 해당한다.

표현의 자유가 광범위하게 보장되는 미국에서도 이러한 괴롭힘은 규제 대상이다.[1] 길거리에서 "흑인은 아프리카로 가라"고 외치는 것은 처벌되지 않지만 회사 사장이 흑인 직원들에게 "너희들은 아프리카로 가라"라고 말했다면 그건 '차별행위'로서 규제된다. 오히려 미국에서는 이러한 유형의 차별행위를 징벌적 손해배상 등의 법리를 활용하여 더욱 강력히 규제하기도 한다. 제아무리 자유의 나라 미국이라고 해도 자율적으로 해결할 수 없는 엄연한 현실을 방치하고 자유를 내세우는 것은 아니다. 미국의 회사나 대학 등은 '표현 강령Speech Code'을 제정해 구성원들의 표현을 규제하는 경우가 많다. 공공기관이나 교육기관 종사자들의 혐오표현도 행동 강령, 내규, 지침(가이드라인) 등의 형태로 규제되고 있다. 이때 규제 대상이 되는 표현은 대개 성희롱이나 혐오표현이다.

공공영역 규제: 방송·광고·인터넷

방송같이 공공성이 있고 영향력이 막대한 영역에서도 혐오표현 규제가 필요하다. 우리 방송법에는 방송의 공적 책임으로서 인간 존엄의 존중(5조), 방송의 공정성·공익성으로서 차별금지, 소수자 집단·계층 이익의 충실한 반영 등이 규정되어 있다. 방송의 공정성과 공공성을 심의하는 '방송심의에 관한 규정'에는 차별금지에 관한 사항이 포함되어 있다(33조 2항 8호). '방송심의에 관한 규정'에는 "방송은 성별, 연령, 직업, 종교, 신념, 계층, 지역, 인종 등을 이유로 방송편성에 차별을 두어서는 아니 된다"(9조 5항), "방송은 지역 간, 세대 간, 계층 간, 인종 간, 종교 간 차별, 편견, 갈등을 조장하여서는 아니 된 다"(29조), "방송은 인류 보편적 가치와 인류문화의 다양성을 존중하여 특정 인종, 민족, 국가 등에 관한 편견을 조장하여서는 아니 되며, 특히 타민족이나 타문화 등을 모독하거나 조롱하는 내용을 다루어서는 아니 된다"(31조)와 같은 내용이 담겨 있다.

신문, 잡지 등의 정기간행물, 뉴스통신, 인터넷신문 등 언론사의 사회적 책임은 '신문 등의 진흥에 관한 법률', '잡지 등 정기간행물의 진흥에 관한 법률', '뉴스통신 진흥에 관한 법률' 등에 규정되어 있다. 특히 언론중재위원회라는 법정 기구가 언론에 대한 일정한 규제 기능을 수행하고 있다. '언론중재 및 피해구제 등에 관한 법률'에 따르면, 언론중재위원회가 언론 보도 내용을 심의하여 언론사에 시정을 권고할 수 있는데(32조), 이를 위한 '시정권고 심의기준' 10조의 2에 '차별금지'가 규정되어 있다. 여기서는 "언론은 개개인의 인종, 종교, 성별, 육체적·정신적 질병이나 장애를 이유로 편견적 또는 경멸적 표현을 삼가야 한다"(1항), "보도 과정에서 그 표현이 사안의 설명에 직접적 관련이 없는 한, 개개인의 인종, 종교, 성별, 육체적·정신적 질병이나 장애에 관한 세부 사항을 과도하게 보도하여서는 아니 된다"(2항)라고 규정하고 있다. 그러니까 현행 방송법 등에도 이미 일부 혐오표현이 금지되어 있으며, 조항을 조금만 가다듬으면 신문이나 방송에서의 혐오표현은 충분히 규제될 수 있다는 얘기다.

다음으로 문제되는 것은 광고다. 광고는 공공성보다는 영향력 때문에 이미 규제를 받고 있다. 앞서 월드론의 논의를 빌리자면, 광고는 차별 없는 환경 조성에 상당히 중요한 역할을 한다고 할 수 있다. 광고랍시고 소수자를 차별하는 내용이 곳곳에 버젓이 걸릴 수 있다면 소수자들이 자유롭고 평등한 사회적 지위를 향유하기 어려울 것이다. 현행법상 '옥외광고물 등의 관리와 옥외광고산업 진흥에 관한 법률'이 금지하는 광고물에는 "인종차별적 또는 성차별적 내용으로 인권침해의 우려가 있는 것"(5조 2항의 5호)이 포함되어 있으며, '방송광고 심의에 관한 규정'에도 "방송광고는 국가, 인종, 성, 연령, 직업, 종교, 신념, 장애, 계층, 지역 등을 이유로 차별, 편견, 갈등을 조장하는 표현을 하여서는 아니 된다"(13조)는 내용이 담겨 있다. 언론의 경우처럼 조항을 조금만 가다듬어 적절하게 집행한다면 광고에 의한 혐오표현은 효과적으로 규제될 수 있을 것이다. 한편, 이렇게 개별법에 규정을 두더라도 차별금지법에 광고, 방송, 기타 언론에 적용되는 혐오표현 금지를 명시하는 일종의 혐오표현 규제 일반 규정을 두는 것이 필요하다.

인터넷도 혐오표현의 문제가 심각한 대표적인 영역이다. 인터넷 혐오표현에 대해서는 인터넷 공간의 특성을 감안한 규제가 필요하다. 현재도 방송통신심의위원회가 '정보통신망 이용촉진 및 정보보호 등에 관한 법률'에 의거하여 "불법 정보"(동법 44조의 7)를 규제할 수 있으며, 정보통신서비스 제공자도 자신의 정보통신망의 불법 정보에 대해 임시 조치를 취할 수 있다. 불법 정보의 기준이 되는 '정보통신에 관한 심의 규정'에는 "장애인, 노약자 등 사회적인 소외계층을 비하하는 내용", "합리적 이유 없이 성별, 종교, 장애, 나이, 사회적 신분, 출신, 인종, 지역, 직업 등을 차별하거나 이에 대한 편견을 조장하는 내용"(8조 3호) 등을 심의 대상으로 삼고 있어, 이미 혐오표현을 규제할 기본적인 근거는 있는 셈이다. 여기에 혐오표현 개념을 좀 더 충실하게 반영하면 충분히 효과적인 규제가 가능할 것이다. 특히 증오선동에 해당하는 혐오표현을 좀 더 집중적으로 규제하는 것이 효과를 극대화하고 표현의 자유 위축 등 부작용을 줄일 수 있을 것이다.[2] 또한 온라인 공간에 대해서는 기본적으로 인터넷 사업자의 자율 규제 또는 공동 규제가 더욱 효과적이고 부작용도 적은 방식으로 제안되어왔다.[3] 국가가 개입하더라도 인터넷 사업자의 자율적인 조치가 뒷받침되지 않으면 효과가 제한적일 수밖에 없기 때문이다. 2016년 유럽연합 집행위원회European Commission가 페이스북, 트위터, 유튜브, 마이크로소프트 등 IT기업들과 '불법적 온라인 혐오표현에 대응하기 위한 행동 강령'을 채택하여 공동 대응에 나선 것이 참고할 만한 사례가 될 수 있을 것이다.[4]

증오선동 규제: 차별금지·증오범죄 규제

만약 차별과 폭력의 실현이 임박했다면, 시민사회의 자율적인 해결을 기대하기는 어렵다. 명백하고 현존하는 위험이 있는 경우에는 국가가 형사처벌로 대응하는 것이 당연하다. '증오선동'이 바로 여기에 해당한다. 혐오표현의 유형 중 유일하게 형사범죄화가 필요한 유형이 바로 증오선동일 것이다. 실제로 주요 국가들은 증오선동을 형사범죄화하고 있으며, 국제 기준에 의해서도 증오선동은 금지가 필요한 유형으로 분류된다. 증오선동이 형사범죄화된다면 10장에서 언급한 '상징적 기능'이 극대화될 수 있다. 증오선동의 형사범죄화는 혐오표현의 여러 유형 중 가장 해악이 큰 행위를 규율하는 직접적인 효과와 더불어, 국가적 차원에서 혐오표현이 금지되어 있다는 점을 확인시켜주는 기제로서 작동할 수 있다.

형사범죄화는 하나의 방법일 뿐

4장에서 편견→혐오표현→차별→증오범죄로 이어지는 흐름을 보여주는 '혐오의 피라미드'를 소개했었다. 편견은 어차피 규제 대상이 될 수 없고 혐오표현 규제가 쉽지 않다면 차별과 증오범죄를 엄단함으로써 혐오표현을 최대한 위축시킬 수 있다. 표현 자체는 규율하지 않되, 표현이라는 선을 넘어가는 순간 강력히 대처한다는 전략이다. 차별시정기구를 통해 차별행위를 규제하고, 증오범죄법을 통해 증오범죄에 대처하는 것은 이미 민주주의 국가의 보편적인 정책으로 자리 잡았다. 혐오표현금지법처럼 표현의 자유를 둘러싼 논란도 없다. 차별행위와 증오범죄는 그 실체가 분명해서 규제가 어렵거나, 규제에 따른 부작용이 발생할 소지가 거의 없는 문제들이다.

이러한 규제 정책을 추구하는 과정에서 가장 경계해야 할 것은 혐오표현에 관한 법정책이 형사처벌로 협소화되거나 형사범죄화가 혐오표현에 대한 충분한 대책인 것처럼 착시효과를 불러일으켜 다른 조치들의 추진을 막는 경우다. 형사범죄화의 의미는 극단적인 형태의

말이 칼이 될 때

혐오표현 금지와 국가 차원의 의지를 보여주는 상징적 조치 정도일 뿐이다. 그런데 형사범죄화가 다른 규제 수단들을 질식시킨다면 그 의의는 줄어들 수밖에 없다. 따라서 차별금지법 제정을 통해 표현의 자유를 증진하는 개입과 괴롭힘 금지, 차별행위 금지, 그리고 추가적으로 증오범죄법을 통한 증오범죄 가시화 정도가 우선적으로 추구되어야 하며, 형사범죄화는 전체 구도에서 하나의 전략적 옵션 정도로 이해되어야 한다. 여기서 우선적이라는 말이 반드시 그런 순서를 차례로 밟아야 한다는 의미는 아니다. 입법 상황이 어떻게 변화할지, 반차별·반혐오표현 운동의 방향이 어떻게 전개될지는 알 수 없다. 형사범죄화에 다소 유보적인 입장이라도 형사범죄화의 호기가 온다면 그것을 마다할 이유는 없을 것이다. 그때는 남용 가능성이 없는 법률이 되도록 견제하고, 다른 규제 조치들의 중요성이 격하되지 않도록 하는 것이 중요한 과제로 떠오를 것이다.

차별금지법 제정이 필요하다

증오선동 이외의 혐오표현에 대한 규제는 형사처벌보다는 차별금지법에 의거하는 편이 바람직하다. 상담, 조사, 자율적 해결, 조정, 권고, 소송 지원 등 다양하고 유연한 접근 방식을 취하는 차별 구제는 오남용의 가능성이 적으므로 금지되는 혐오표현의 범위를 형사처벌에 비해 다소 넓게 잡아도 무방하다.[5] 또한 혐오표현을 '차별' 문제로 일관성 있게 접근하기 때문에 다른 차별과 연동된 혐오표현에 더욱 효과적으로 대응할 수 있으며, (차별과 무관한) 다른 표현들에 대한 국가 개입 확대로 이어질 가능성도 낮아진다. 실제로 호주의 경우 대부분의 지역에서 혐오표현에 대한 형사처벌과 차별 시정이 시행되고 있는데, 적용 사례가 거의 없는 형사처벌에 비해 차별 시정은 피해자 구제, 공적 담론의 변화, 교육적·상징적 가치 등에서 효과를 거두었고, 위축효과나 순교자 양산 등의 문제는 발생하지 않았다고 한다.[6]

다른 한편, 차별금지법은 지금까지 설명한 여러 혐오표현에 관한 규제를 총망라하는 법이기도 하다. 그래서 혐오표현 대응을 위한 입법조치 중 가장 중요한 것은 단연 '차별금지법' 제정이다. 전체적인 법적 조치를 보여주기 위해 표5에 '필요한 법적 조치'를 추가한 것이 표6이다.

별도의 형사 입법이 필요한 증오선동 형사범죄화를 제외하면 모두 차별금지법과 연관된다. 표현의 자유를 증진하는 각종 개입은 대개 차별금지법에 근거를 둘 수 있다. 차별금지법은 이미 발생한 차별

표6. 혐오표현 규제 구상과 필요한 법적 조치

	내용	필요한 법적 조치
표현의 자유를 증진하는 개입	교육, 홍보, 정책, 지원, 연구	차별금지법 제정
괴롭힘 규제	고용·서비스·교육 영역에서 차별적 괴롭힘 규제	차별금지법 제정
공공영역 규제	방송·광고·인터넷에서의 규제	차별금지법 제정, 관계법 재개정
증오선동 규제	증오선동에 대한 형사처벌	증오선동금지법 또는 차별금지법, 형법(개정)에 포함
차별금지·증오범죄 규제	차별행위 금지, 증오범죄 가시화·가중처벌	차별금지법 제정, 증오범죄법 제정

을 사후적으로 규제하는 법인 동시에 차별 예방 조치들의 근거가 되는 법이기도 하다. 그런 점에서 차별금지법 대신 평등법, 평등기본법이라는 명칭이 더 적합하다는 주장도 제기되고 있다.

그동안 발의되었던 차별금지법안은 모두 괴롭힘을 차별행위의 한 유형으로 규정하고 있다. 다듬을 부분이 있긴 하지만, 전체적인 취지와 방향에는 문제가 없다. 차별금지법에 의해 괴롭힘이 금지된다면 기존의 성적 괴롭힘(성희롱)과 더불어 소수자에 대한 다양한 형태의 괴롭힘을 규제할 수 있을 것이다.

한편 그동안 발의되었던 차별금지법안은 차별을 조장하는 '광고'도 금지하고 있다. 이는 광고의 형식으로 발화되는 혐오표현을 규제하는 것으로 해석된다. 광고가 특별히 영향력이 크고 비교적 규제가 용이하다고 판단하여 광고만 규제 대상으로 삼은 것으로 보인다. 그런데 광고에 의한 혐오표현만 규제 대상으로 삼는 것이 적절한지 의문이다. 광고 못지않게 영향력이 큰 방송이나 출판을 통한 혐오표현이나 증오선동형 혐오표현도 규제 대상으로 검토할 필요가 있다. 그리고 차별금지법은 차별행위를 엄격히 금지하고 규제함으로써 혐오표현이 차별로 이행되는 것을 막는다. 이것은 앞서 설명했듯이 간접적으로 혐오표현을 위축시키는 역할을 할 수 있다.

증오선동을 형사범죄화하거나 증오범죄를 가중처벌하기 위해서는 별도의 입법이 필요하다. 먼저 혐오표현을 형사범죄화하는 법안이 있다. 바로 '혐오죄' 신설 법안이다.[7] 형법에 "인종 및 출생지역 등을 이유로 공연히 사람을 혐오한 자는 1년 이하의 징역 또는 1000만 원 이하의 벌금에 처한다"는 조항을 추가하는 안이다. 문제는 이렇게 포괄적인 구성요건으로는 앞서 언급한 형사범죄화의 부작용이 극대화될 가능성이 크다는 점이다. 목적, 대상, 방법, 적용 배제 사유 등에 관한 보다 구체적이고 명확한 구성요건이 제시되어야 한다. 또한 이 법안은 인종과 출생지역에 기초한 혐오만 처벌하게 하는데 그 이유를 알 수가 없다. 심각성이 문제라면 출신국가, 성적 지향, 성별정체성, 장애, 성별을 이유로 한 혐오가 포함되어야 한다.

일제 찬양이나 반인륜범죄나 민주화운동 부인을 처벌하는 법안들도 발의된 적이 있다. 이것은 유럽 등에서 홀로코스트 부정이나 제노사이드 부정을 처벌하는 '역사부정죄' 법안으로 분류될 수 있으며, 이것 역시 소수자에 대한 혐오표현금지법의 일종으로 간주된다. 그런데 한국 사회에서는 일제 찬양이나 반인륜범죄, 민주화운동 부인을 소수자 차별 문제로 보기 힘들고 대량 학살로 이어질 가능성이 있다고 보기도 어려워서 과연 유럽의 역사부정죄와 같은 방식으로 정당화될 수 있는지 의문이다.[8]

선거에서 "특정 지역 또는 특정 지역 사람을 비하·모욕하는 행위"를 금지(과태료 처분)하는 내용의 공직선거법 개정법안이 발의된 적도 있다.[9] 지역 차별 발언은 한국 사회에서 문제의 소지가 큰 혐오표현의 하나이지만 구성요건이 상당히 모호한데다가 근본적으로는 공직선거법이 이미 각종 규제로 가득한 상황에서 지역 차별 발언에 대한 규제까지 새로 추가해야 하는지도 생각해볼 필요가 있다.

13장

혐오표현,
정치의 역할

"동성애에 반대합니까?" "그럼요"

트럼프 집권 이후 잠잠했던 미국 내 혐오 세력들이 본격적인 활동을 개시했다. 2017년 8월에는 버지니아주 샬러츠빌에서 백인 우월주의 세력들의 집회가 열려 세 명이 숨지고 30여 명이 부상을 입는 참사가 발생했다. 트럼프의 극우 정책과 모호한 태도가 인종주의를 부추겼다는 분석이 지배적이다. 일본에서 혐한시위대가 활개를 치게 된 것 역시 아베 총리의 우경화와 밀접하게 연관되어 있다. 일본에서 혐오표현에 맞서 싸워온 간바라 하지메 변호사는 일본에 혐오표현이 만연하게 된 것은 정부와 정치가들의 책임이라고 단언한다.[1] 인종주의로 인명 피해가 발생했는데도 양비론을 펼치는 트럼프, 조선인에 대한 지속적인 차별 정책으로 혐한시위를 사실상 방치 또는 암묵적으로 지지해온 아베의 책임을 간과할 수 없다.

정치인이나 사회 유력 인사들이 어떤 입장을 취하는가는 사회에 큰 영향을 미친다. 2017년 골든 글로브 공로상 수상 연설에서 미국

배우 메릴 스트리프Meryl Streep는 장애인을 비하한 트럼프를 비판하면서 공인의 발언은 사람들의 삶에 스며들어 "다른 사람들도 그렇게 해도 된다는 허가를 주게 된다"[2]고 했다. 앞서 소개한 '선동 테스트'에서 발화자의 공식적 지위와 권위와 영향력이 증오선동 여부를 가리는 중요한 기준으로 제시되었고, 특히 정치인이나 공직자는 특별히 다뤄져야 한다고 지적되어 있는 것도 같은 취지로 이해된다.

실제로 유럽에서는 정치인의 발언에 더욱 엄격한 기준이 적용된다. 2014년 네덜란드 정치인 윌더스Geert Wilders는 자신의 지지자들에게 "모로코인을 줄일까요, 늘릴까요"라고 물었다. 지지자들은 "줄여라, 줄여라"라고 응답했고, 윌더스는 "우리가 그 정책을 추진하겠습니다"라고 답했다. 검찰은 혐오표현을 했다는 이유로 그를 기소했다. 그는 자신의 발언이 정치적 과정일 뿐이라고 항변했지만 결국 재판을 받아야 했다. 폴란드 정치인 코윈-미케Janusz Korwin-Mikke는 "여성이 남성보다 약하고, 작고, 덜 똑똑하기 때문에 임금을 적게 받아야 한다"고 발언했다가 성차별적인 혐오표현을 했다는 이유로 유럽의회에서 징계를 받게 되었다.

실패한 대응들: 황산 테러와 강남역 살인 사건

2014년 12월 10일 전북의 한 성당에서 열린 신은미·황선 토크 콘서트에서 한 고등학생이 인화 물질을 연단 쪽으로 던졌다. '황산 테러'였다. 관객 두 명이 화상을 입었고, 200여 명이 긴급 대피했다. 범

말이 칼이 될 때

죄 용의자는 범행 전에 행사 현장에서 "북한이 지상낙원이라고 했지 않느냐"고 따져 물었고, 평소 일베에 드나들었던 것으로 전해졌다. 충격적인 사건이었다. 그동안 일베는 주로 온라인 공간에 머물렀다. 혐오'표현'을 하는 집단이었을 뿐, 이를 오프라인에서 행동에 옮긴 적은 없었다. 그런데 그날 '말'에 머물던 혐오가 '물리적 폭력'으로 이어진 것이다.

증오범죄는 '진공상태'에서 발생하는 것이 아니다. 그 대상 집단에 대한 뿌리 깊은 차별의 역사, 그리고 그들을 차별하고 적대시하는 환경 속에서 발발하는 것이다. 한국전쟁과 분단을 경험한 한국 사회에서는 이념·사상적 차이에 따른 증오와 편견이 특별히 문제가 되어 왔고, 그래서 종북이나 좌빨 운운하는 것도 일종의 혐오표현으로 간주될 수 있다.[3] 실제로 정치적 반대파들에게 '종북 세력'이라는 딱지를 붙여 몰아세우는 것은 아주 유용한 공격 수단이다.

황산 테러 당시 통합진보당의 위헌정당해산심판 등으로 공안 분위기가 형성되고 있었고, 일부 보수 세력들이 '종북 세력 척결'을 부르짖고 있었다. 일베가 한창 기승을 부리는 가운데 일부 종편에서는 연일 종북 논란으로 시청률 장사를 하고 있던 시기이기도 했다. 이에 기세등등해진 일부 세력들은 아예 농성장을 직접 철거한다며 행동에 나서거나 시위대와의 물리적 충돌을 불사하기도 했다. 이런 분위기에서 척결 대상인 종북 세력에게 테러를 해도 된다는 생각으로까지 이어진 것이 바로 황산 테러였다. 종북에 대한 편견에 기초하여 물리적 폭력을 저지른 증오범죄라고 볼 수 있는 이유다.

더 큰 문제는 황산 테러 이후에 벌어진 일이다. 당시 여당의 한 기획위원은 황산 테러범을 "열사"로 지칭하며 후원하자는 글을 남겼고 종편에 출연하는 한 패널은 그를 "투사"로 지칭하며 법률 지원을 함께하자는 글을 남겼다. 일베 게시판에도 황산 테러범의 애국적 응징을 찬양하는 글이 줄을 이었다. 특정 집단에 대한 증오와 편견이 물리적 폭력으로 나아가고 그런 행동이 사회적으로 정당화되면서 다시 증오와 편견이 강화·고착화되는 '증오범죄'의 일반적인 확대·발전 경로와 매우 흡사했다.

더 심각한 문제는 대통령의 반응이었다. 박근혜 당시 대통령은 황산 테러가 터진 지 5일 만에 "최근 소위 '종북 콘서트'를 둘러싼 사회적 갈등이 우려스러운 수준에 달하고 있다"면서 "몇 번의 북한 방문 경험이 있는 일부 인사들이 북한 주민의 처참한 생활상이나 인권 침해 등에 대해 눈을 감고 자신들의 일부 편향된 경험을 북한의 실상인 양 왜곡·과장하면서 문제가 되고 있다"고 지적했다. 충격적인 테러가 발생했는데, 일국의 지도자가 이런 코멘트를 한다는 것은 테러에 힘을 실어주는 것이나 다름없다. 폭력에 단호히 맞서 잠재적인 피해자들을 보호하는 대신 오히려 피해자 집단을 고립시킨 셈이다. 아무리 정치적으로 종북 세력에 부정적인 입장이었다고 해도 테러와는 분명히 선을 그어야 했다.

강남역 살인 사건 때도 마찬가지였다. 한국에는 증오범죄법이 없고 치안 당국에도 증오범죄에 대한 기준도, 범죄통계도 딱히 없는 것으로 알려져 있다. 그런 상황임에도 사건 발생 일주일도 지나지 않아 경찰청장은 "이번 강남역 화장실 살인 사건은 여성혐오 사건이 아니"라고 확인했고, 여성가족부 장관은 "아직은 여성혐오로 보는 건 적절치 않다"고 말했다. 차별과 폭력의 가해자들과 선을 그은 것이 아니라 이 사건을 여성혐오로 규정하며 추모와 항의에 나선 여성들과 선을 그은 셈이다.

그나마 다행이었던 것은 2016년 5월 31일 발표된 국가인권위원장 성명과 서울시의 대응이었다. 국가인권위원장은 타이밍이 좀 늦긴 했지만 이번 사건이 여성혐오 문제와 관련되어 있다는 사실을 확인하면서 대책 마련을 촉구하는 성명을 발표했다. 지자체 차원에서는 서울시 여성가족정책실장이 "이번 사건을 한 개인의 일로 치부할 것이 아니라 왜 수많은 여성들이 자신의 문제인 것처럼 나서는지 그 근본적인 원인에 대해 성찰해야 한다"고 지적했고 강남역의 추모 공간을 시민청으로 옮기고 관련 자료를 서울시 여성가족재단에 보존하는 조치를 취했다.

어메이징 그레이스

소수자 차별·혐오 문제에 대한 정치 지도자의 대응과 관련해서는 10년간 유엔을 이끌었던 반기문 사무총장도 인상적이었다. 그는 재임 기간 일관되게 성소수자에 대한 차별과 폭력에 맞서서 원칙적 입장을 고수하고 적극적인 활동을 했다. 그의 역사적인 연설의 한 구절이다.

"레스비언, 게이, 양성애자, 성전환자에게 말합니다. 당신들은 혼자

가 아닙니다. 폭력과 차별을 끝내기 위한 투쟁은 우리 모두가 함께
하는 투쟁입니다. 당신들에 대한 모든 공격은 유엔과 내가 수호하
고 지키기로 맹세한 보편적 가치들에 대한 공격입니다. 오늘 저는
당신들의 편에 섭니다. 그리고 모든 국가와 사람에게 당신들 편에
함께 서라고 요청합니다."[4]

소수자 인권을 옹호하는 연설문의 모범이라고 해도 과언이 아니
다. 일단 반기문 총장은 성소수자라고 하지 않고 레즈비언, 게이, 양
성애자, 성전환자를 일일이 호명했다. 그들의 존재를 다시 한 번 확인
하고 강조하기 위해 의도한 것일 테다. 그리고 성소수자들에게 당신
들이 혼자가 아님을 강조하면서 성소수자에 대한 공격은 "보편적 가
치들"에 대한 공격임을 확인한다. 압권은 마지막 구절이다. "모든 국
가와 사람에게 당신들 편에 함께 서라고 요청합니다." 혐오주의자들
의 선동에 맞선 '역선동'이다. 일본의 카운터 운동이 전체 일본인들이
재일 코리안과 연대하여 혐오주의자들을 고립시키는 것을 의도했던
것처럼, 세계인들이 연대하여 성소수자들을 지지하고 혐오주의자들
을 고립시키자고 요청하고 있는 것이다.

오바마 전 미국 대통령도 혐오와 증오에 대해 적극적으로 대응해
왔다. 2015년 6월 17일 미국 찰스턴 교회 총격 사건으로 흑인 아홉
명이 사망했다. 범인은 "인종전쟁을 시작할 목적으로 총을 쏘았다"
고 자백했다. 흑인에 대한 증오범죄였다. 오바마는 추도식에 직접 참
석해서 추모사를 낭독했다. 흑인에 대한 차별과 폭력에 단호히 반대
한다는 내용이었다. 그리고 〈어메이징 그레이스Amazing Grace〉를 부르기

시작했다. 이 노래를 작사한 존 뉴턴은 흑인 노예무역에 종사했으나 나중에 회개하여 노예제 폐지에 나섰고 결국 성공회 사제가 된 인물이다. 〈어메이징 그레이스〉는 1960년대 흑인 민권운동과 베트남 반전운동 때도 널리 불렸다. 대통령이 이 상징적인 노래를 직접 선창한 것이다. 2016년 6월 12일에는 미국 플로리다주 올랜도의 게이 나이트클럽에서 총기 난사 사건이 발생하여 49명이 목숨을 잃었다. 성소수자 증오범죄라는 의심을 받았다. 오바마 미국 전 대통령은 추모 회견에서 이렇게 말했다.

"오늘은 우리 친구들 레즈비언, 게이, 바이섹슈얼, 트랜스젠더들에게 특히 더 가슴 아픈 날입니다. 총격범은 사람들이 친구를 맺고 살아가기 위해 찾는 나이트클럽을 노렸습니다. 공격받은 장소는 단순한 클럽이 아닙니다. 이곳은 사람들이 함께 모여 의식을 고양하고 그들의 생각을 말하며 시민권을 주장하던 연대와 자율의 공간입니다."

증오범죄자들은 흑인, 여성, 성소수자를 고립시키고 배제하려고 한다. 이에 맞서는 우리의 대응은 차별과 배제를 획책하는 이들을 사회에서 고립시키는 것이다. 이것은 시민사회의 몫이기도 하지만 법과 정책으로 추진되어야 하는 것이며, 정치인이나 사회 지도자가 일관되게 견지해야 할 입장이기도 하다. 오바마는 한편으로는 희생자들과 잠재적 희생자가 된 소수자들을 위로하고 지지하면서 다른 한편으로는 혐오주의자들과 분명한 선을 그었다. 미국 사회가 어떤 가치를 지향하고 있는지를 대통령으로서 확인시켜준 것이다.

"동성애에 반대합니까?" "그럼요"

2017년 대선 토론회의 한 장면이다. "동성애에 반대합니까?" "그럼요." 운동을 하며 건성건성 토론회를 듣다가 하마터면 아령을 바닥에 떨어뜨릴 뻔했다. 21세기 대한민국의 '방송'에서 '대선 후보'들이 어떻게 이런 문답을 주고받는단 말인가? 대한민국의 정치 지형을 고려할 때 성소수자 문제에 다소 유연하고 점진적인 입장을 취하는 것까지 이해하지 못하는 건 아니다. 하지만 조금씩 나아질 거라는 기대까지 포기하게 해서는 안 된다. 최소한 소수자가 우리 사회의 평등한 구성원으로 존중받고 있다는 점을 의심하게 해서는 안 된다. 이 수준을 넘어서는 순간 '선거'는 변명이 될 수 없다. 특히 사회 유력 인사나 정치인에게는 강한 윤리적 책임이 요청된다. 그들의 발언은 사회의 차별적 환경을 악화시키거나 개선하는 데 중요한 역할을 하기 때문이다. 유럽에서 정치인들의 공개적 차별 발언이나 방송에서의 혐오표현을 유난히 민감하게 보고 심지어 법적 책임까지 묻는 것은 그 때문이다.

대선 후보의 한마디 한마디에 민감해질 수밖에 없었던 저간의 사정도 있었다. 한국 사회에서 성소수자 문제가 사회적 이슈로 떠오른 것은 1990년 중반 무렵이니, 이제 겨우 20년 남짓 세월이 흘렀다. 현실 정치에서 성소수자 문제가 본격적으로 이슈화된 것은 더욱 최근

말이 칼이 될 때

이다. 2006년 국가인권위원회가 포괄적 차별금지법 제정을 권고하고 법무부가 법안 마련에 나서자 심상치 않은 상황이 전개되었다. 일부 보수 기독교계에서 '성적 지향' 등을 삭제하라고 요구했고 결국 법무부는 '성적 지향'을 삭제한 법안을 국회에 제출했지만 이조차 통과되지 못했다. 이후 17대 국회에서 한 건, 18대 국회에서 한 건, 19대 국회에서 세 건의 차별금지법안이 제출되었지만 모두 통과되지 못했다. 2010년과 2013년에도 정부 차원에서 차별금지법 제정이 논의되었으나 역시 빛도 보지 못하고 사장되었다.

2010년 이후에는 국회와 지자체를 중심으로 대립이 격화되었다. 2011년 인권·시민사회가 학생인권조례 제정을 추진했을 때 성적 지향에 따른 차별금지 조항을 두고 대립이 벌어졌다. 그래도 당시에는 학생인권에 대한 시민들의 지지가 뜨거웠고 인권운동가들이 시의회 농성을 불사하는 등 강력한 투쟁을 벌인 끝에 무사히 법안이 통과될 수 있었다. 하지만 그 이후 차별금지와 관련된 법안이나 조례안의 통과는 매번 난항을 겪었다. 가장 충격적이었던 것은 2013년 두 건의 차별금지법안이 자진 철회된 사건이다. 멀쩡한 법안을 내놓고 반대가 있다는 이유로 국회의원 스스로 철회하다니, 이게 있을 수 있는 일인가? 같은 이유로 2014년에는 성북구의 성소수자 센터 설치가 좌절되었고 서울시민인권헌장도 공포되지 못했다. 보수 기독교계가 선거 때마다 정치인들을 불러놓고 동성애 반대, 차별금지법 제정 반대를 약속받는 것이 정례화된 것도 이즈음이다.

최근에는 '성적 지향'이나 '성소수자' 등이 명시되지 않아도 국가인권위원회의 권한을 강화하거나 인권, 차별금지 등과 연동될 만한 관련 법령, 조례, 정책 등에 모두 제동이 걸렸다. 2014년 인권교육지원법안은 동성애와 관련한 어떠한 조항도 없었지만 친동성애 교육을 강화할 수 있다는 반대에 부딪혀 철회되었고, 2014년 생활동반자법은 동성혼 우회 법안이라는 이유로 좌초되었으며, 인권위의 기업 인권 업무를 강화하는 2016년 인권위법 개정안은 친동성애 기업을 지원한다는 반대에 부딪혀 결국 철회되었다. 심지어 '가족 형태', '다양한 가족 형태'라는 표현이 동성혼을 보호하는 것으로 해석될 여지가 있다며 '아동복지법'과 '한부모가족지원법' 개정에 반대하는 운동까지 전개되었다.

지자체에서도 '성소수자'나 '성적 지향'이라는 문구를 삭제해달라는 요구로 조례 통과가 난항을 겪었고(2015년 과천시 · 대전광역시, 2016년 서울 광진구), '사회적 성'(2015년 서울 구로구) 또는 '성평등'(2015년 대전광역시)이라는 표현조차 논란의 대상이 되었으며, 헌법과 인권 관련 법을 근거로 삼았다는 이유로 조례 제정에 실패하는 사례까지 나왔다(2016년 인천, 충북). 이 과정에서 성소수자 인권뿐만 아니라 학생인권, 청소년 노동인권, 주민인권을 위한 조례 등도 유탄을 맞고 통과되지 못했다.

명백한 퇴행이다. 2000년대에는 국가인권위원회가 출범하고, 일부 지자체가 인권조례와 학생인권조례를 제정했으며, 국가와 지자체 차원에서 인권 제도 · 정책이 추진되는 성과가 있었지만 2010년 이후 상황은 완전히 달라졌다. 한번 밀리기 시작하니, 끝도 없이 밀리고 있다. 최근 반대운동 진영에서는 '국가인권위원회법' 폐지, 인권 관련 조례 폐지까지 주장하고 있다. 정치인들이 그들의 요구를 하나둘 수용하자 기세를 올리고 있는 것이다. 이쯤 되면 '정체'나 '지연' 정도가 아니라 명백한 '퇴행'이라고 봐도 과언이 아니다.

2017년 5월 대선은 이렇게 퇴행의 징후가 명백한 상황에서 치러졌다. 촛불 시민들의 위대한 저항이 구체제를 끝장내고 치러진 대선이었다. 범진보 진영에 대한 압도적인 지지가 계속되었다. 이쯤 되면 성소수자 인권 문제도 돌파구가 마련될 것이라고 기대해볼 만했다. 성소수자들도 무지개 깃발을 들고 박근혜 퇴진 운동에 동참한 '시민'이었다. 그런데 대선 정국은 전혀 다른 방향으로 전개되었다. 유력 대선 후보들은 보수 기독교계 행사에 불려가서 "동성애에 반대한다", "차별금지법을 제정하지 않겠다"고 약속했고 급기야 "동성애에 반대한다", "동성애를 금지해야 한다", "동성애를 엄벌해야 한다" 등의 혐오 표현을 대선 후보자의 입을 통해서 들어야 하는 지경에까지 이르렀다.

대선 정국에 성소수자 문제가 이슈화된 것 자체는 나쁘지 않다. 어차피 쉬쉬하며 해결할 수 있는 문제가 아니라면 더 많은 얘기가 오가는 것이 바람직하다. 하지만 성소수자 인권과 관련된 논의 수준은 분명히 후퇴했다. 차별금지법은 참여정부가 남긴 미완의 과제였고, 심지어 박근혜 정부의 국정 과제이기도 했다. 하지만 이번 대선에서 대부분의 후보들은 차별금지법에 반대하거나 유보적인 입장을 보였고 공약 중에는 차별금지 정책이라고 할 만한 것들을 찾아보기조차 어려웠다. 이런 상황에서 성소수자 인권을 주장하는 목소리가 터져 나온 것은 자연스러운 흐름이었다.

대통령 하나 바뀐다고 엄청난 변화를 기대했던 것은 아니었을 것이다. 하지만 이 퇴행의 역사를 조금이라도 반전시킬 수 있으리라는 최소한의 기대조차 포기할 수는 없었다. 대선 시기에 터져 나온 분노는 이 퇴행의 역사를 끝내달라는 간절한 호소였다.

중립보다는 책임 있는 행동을

하지만 의미 있는 일도 있었다. 대선 1년 전, 20대 총선 비례대표 후보들의 TV토론회에서 녹색당 신지예 후보는 "그동안 무시당했던 동성애자, 바이섹슈얼, 인터섹스, 그리고 트랜스젠더를 위한 정책과 동성결혼 법제화를 하겠습니다"라고 밝혔다. 아마도 공직자나 공직 후보가 성소수자들을 하나하나 호명한 최초의 역사적 사건일 것이다.

2017년 대선에서는 정의당 심상정 후보가 성소수자 차별금지 정책과 차별금지법 제정에 관해 일관된 소신을 피력했다. 특히 심 후보가 TV토론회에서 1분 찬스까지 써가며 "성소수자 차별에 반대한다"고 밝힌 대목은 감동적이었다. 6.2퍼센트라는 유의미한 득표까지 했으니 더욱 의미가 있었다.

반면 선거운동 기간 문재인 후보의 행보는 실망스러웠다. 왜 문재인 후보에게만 유독 가혹하냐는 반론도 있었지만 기대가 컸기에 실망도 컸다고 말하고 싶다. 다행히 TV토론 이후 강력한 항의를 받고 "성소수자에게 사과한다"는 입장을 발표한 대목에서 일말의 여지는 남겨둘 수 있었다. 성소수자들이 결코 무시할 수 없는 유권자이자 시민으로 등장했던 순간이기도 했다. 또한 문재인 정부의 '국정운영 5

개년 계획'에는 차별금지법 제정이 담겨 있지 않았다. 참여정부가 추진했고 박근혜 정부의 국정 과제에도 담겨 있던 차별금지법 말이다. 다만 국가인권위원회 강화는 의미 있는 약속이었다. 차별시정기구인 인권위를 통해 차별과 혐오에 관한 유의미한 대책들이 나오길 기대해볼 수 있을 것이다.

불행히도 한국은 유럽처럼 강력한 법이 있는 것도 아니고 미국처럼 혐오표현에 대한 사회의 면역력을 기대할 수 있는 상황도 아니다. 바로 지금 우리 공동체가 분명한 태도를 취하지 못하면 언제 무슨 일이 생길지 모른다. 편견이 혐오가 되고 차별이 되어 폭력으로 이어지는 것은 단계적인 과정이 아니다. '저들을 좋아하지 않는다'가 '저들을 반대한다'가 되고, '저들을 반대한다'가 '저들을 박멸하자'가 되는 건 순간이다. 나치가 반인륜적 선동에 나섰을 때만 해도 그들이 끼칠 해악을 예상한 이들은 없었다. 하지만 그들은 결국 그렇게 유대인을, 성소수자를, 장애인을, 소수민족을 탄압하고 학살했다.

한국 사회의 혐오와 차별을 방치한다면 어느 순간 어떤 계기로 문제가 폭발할지 모른다. 한국 사회와 정치의 무책임과 무관심이 무시무시한 사태를 야기할 수 있다는 뜻이다. 혐오와 차별이 스멀스멀 움트고 있는 곳에 선제 타격이 필요하다. 적극적으로 혐오를 조장하고 차별을 선동하는 이들뿐만 아니라 '중립'을 표방하며 강 건너 불구경하듯 지켜보고 있는 사람들에게도 '책임'있는 행동이 필요하다는 얘기다.

혐오표현을 아무리 법으로 규제하려고 해도 한계가 있을 수밖에 없다. 법으로 혐오표현을 일망타진하는 것은 어차피 불가능하다. 그래도 남는 문제들은 결국 사회적 대응으로 해결하는 수밖에 없고, 그 과정에서 정치인이나 영향력 있는 사회 지도자들의 입장이 매우 중요하다. 혐오표현이 발화되더라도 그 영향력이 국지적 차원에서 일시적으로 머무르게 하려면 사회가 힘을 합쳐서 혐오표현을 고립시켜야 한다. 그들에게는 여론을 주도하는 힘이 있기 때문이다. 앞서 혐오표현금지법도 사실은 '상징적 기능'을 수행한다는 점을 지적했었다. 법을 제정하려는 것도 결국 우리 사회가 혐오표현을 용인하고 있지 않다는 확인을 하기 위해서다. 법을 통해서건, 정치인의 입을 통해서건, 혐오표현에 대한 분명한 사회적 메시지를 던지는 것은 매우 중요한 일이다. 그렇게 혐오표현을 코너로 몰아야 한다.

혐오에 맞선 혐오? - 메갈리아

최근 몇 년 동안 '메갈리아'만큼 인터넷을 뜨겁게 달군 키워드가 있을까?[5] 논의는 뜨거웠고 의미 있는 운동으로 발전해나가기도 했지만, 오해를 거듭 불러일으키기도 했고 엉뚱한 싸움으로 번지기도 했다. 문제는 '혐오'에 '혐오'로 맞서겠다는 전략을 어떻게 볼 것인가 하는 점이다. 얼핏 보기에 혐오에 혐오로 맞서는 것은 혐오의 총량을 늘리는 결과를 초래할 것만 같다. 하지만 늘 그렇듯이 혐오스러운 말 자체가 아니라 그 말들이 낳는 사회적 효과에 주목해야 한다. 차별과 배제를 재생산하는 식으로 작동하고 있는지 세심하게 살펴봐야 한다는 얘기다.

메갈리아는 인터넷 커뮤니티다. 메갈리아라는 이름은 여성과 남성의 성역할이 뒤바뀐 상황을 그린 소설 《이갈리아의 딸들》에서 따온 말이다. 디시인사이드의 '메르스 갤러리'에 그 기원을 두고 있어, '메+갈리아'가 된 것으로 알려져 있다. 메갈리아에 올라오는 글들은 '미러링mirroring'이라고 불린다. 미러링은 거울로 비추는 것이다. 여성혐오적인 말을 성별을 바꾸어 거울로 비추듯이 뒤집어 보여주는 것이다. '김치녀'에 대항하여 '한남충'이라고 부르는 것이 대표적이다. 하지만 미러링은 단순히 여성혐오적인 단어에 대칭되는 남성혐오적인 단어를 말하는 것에 그치지 않는다. 여성혐오적인 말들이 여성차별을 재생산하고 악화시키고 있으며, 그것이 심각한 문제임을 극적으로 보여주어 현실을 직시하게 한다는 것이 미러링의 전략적인 목표다.

예컨대 김치녀는 여성 집단 전체를 김치녀로 고정관념화함으로써 여성에 대한 부정적인 인식을 고착화한다. 여성들은 김치녀가 되지 않게 스스로를 단속하고 규율해야 하며 김치녀가 아니라는 사실을 끊임없이 증명하지 않으면 안 되는 상황에 빠진다. 김치녀가 그런 식으로 차별을 재생산하고 있다면 이 말을 단순한 농담으로 선해하고 넘어갈 수는 없을 것이다. 미러링은 남자를 '한남충'이라고 부름으로써 이 복잡한 설명을 대신한다. 졸지에 '한남충' 신세가 되어버린 남성들은 '김치녀'라는 말의 문제를 스스로 깨닫게 된다. 이것이 바로 메갈리아가 지향하는 미러링의 전략적 목표였다.

사실 미러링은 메갈리아가 창안해낸 것은 아니며, 소수자들이 차별적인 사회 현실을 드러내기 위해 미러링을 활용했던 사례는 제법 많다. 예컨대 1990년대 모 대학에서는 여학생들이 도서관 앞에 앉아 지나가는 남학생들의 외모를 '품평'하는 퍼포먼스를 벌였다. 남학생들이 여학생을 품평하고 희롱하는 행위의 문제를 극적으로 보여주기 위해서였다. 미러링은 다른 소수자 문제에도 적용되어왔다. 서구에서 백인들이 소수인종 출신들에게 던지는 질문들을 백인들에게 그대로 되돌려줌으로써 문제를 자각하게 하는 것이 대표적이다. 예컨대 "너 영어 되게 잘한다. 혹시 입양아야?" 또는 "넌 왜 백인들이랑만 놀아?"와 같은 질문들을 백인에게 던지는 것이다.[6] 동성애 문제와 관련하여, "이성애는 머리로는 이해하지만 가슴으로는 좀 이해가 안 되네요", "이성애에 반대합니다. 이성애자가 차별받으면 안 되겠지만요", "청소년 시기에는 이성에게 끌릴 수 있어요. 그건 한때의 감정일 뿐이에요", "이성애 반대는 아닌데, 한국에서는 시기상조인 것 같습니다"[7]라고 말하는 것도 일종의 미러링이라고 할 수 있을 것이다.

그런데 이러한 메갈리아의 미러링에 대해 일부 남성들은 심한 거부감을 표출했다. 남성들이 집단적으로 매도당하는 현실이 물론 거북하게 느껴질 수 있을 것이다. 혐오를 혐오로 맞받아치는 것은 윤리적으로 옳지 않다는 의견이 제시되었고, '여성혐오도 나쁘고 남성혐오도 나쁘다'는 식의 양비론도 등장했다. 악에 대해 악으로 되갚는 것이 바람직하지 않다는 것은 제법 그럴듯한 논리지만, 이것은 미러링의 취지를 오독한 것이라고 할 수 있다. 미러링은 뒤집어서 보여주기 위한 것이지, 그 자체로 혐오를 목적으로 하고 있지 않다. 또한 그 사회적 효과를 보면, 여성혐오와 남성혐오가 똑같은 문제를 낳고 있다고 보는 것은 무리다. 여성혐오적 말이 여성차별을 확대 재생산하는 것과 마찬가지로 미러링 차원에서 발화되는 남성혐오적 말이 남성차별을 확대 재생산한다고 볼 수는 없다.

예를 들어 김치녀로 표상되는 여성에 관한 부정적 인식이 직장에서 여성들에 대한 편견을 조장하고 실제 차별을 낳을 가능성이 있음은 분명하다. 하지만 거꾸로 한남충이라는 말이 남성에 대한 부정적 고정관념을 확산하고 직장에서 남성들을 차별하는 데 일조하고 있다고 볼 수 있을까? '김치녀'나 '김여사'가 되지 않기 위해 그리고 '개념녀'로 보이기 위해 스스로를 단속하고 규율해야 하는 것이 여성혐오의 부정적 효과라면, '한남충'이라고 불리기 싫어 스스로 자신의 행동을 통제해야 하는 남성들의 현실도 있느냐는 것이다. "김치녀 패기 좋은 날씨다"를 "한남충 패기 좋은 날씨다"로 맞받거나, '삼일한(북어와 여자는 며칠에 한 번씩 패야 한다)'에 대칭하는 말로 '숨쉴한(남성은 숨 쉴 때마다 한 번씩 맞아야 한다)'을 쓰는 경우에도 마찬가지다. 실제로 일베에는 여성에 대한 폭력을 정당화하는 글이 수시로 올라온다. 이런 담론들 때문에 남성은 여성에 대한 폭력에 무감각해지고 데이트 폭력, 성폭력 등의 일상적 위협에 노출되어 있던 여성들의 두려움은 가중된다. 이러한 문제가 '숨쉴한'에도 있다고 보긴 어렵다. 여성들에게 '삼일한'은 현실화될 수 있는 위협인 반면, '숨쉴한'은 현실화될 수 없는 농담일 뿐이다.

이에 대해 메갈리아의 미러링이 성차별적 현실을 바꾸고 남성들을 자각시키는 데 전혀 효과적이지 않았다는 비판이 있다. 오히려 남성에 대한 혐오를 부추겼다는 것이다. 하지만 앞서 설명했듯이 남성혐오를 조장했다거나 여성혐오와 남성혐오가 똑같이 나쁘다는 식의 접근은 부적절하다. 남성이 자각했는지에 대해서는 좀 더 설명이 필요하다. 일단 표면적으로는 메갈리아의 미러링에 거부감을 표출하는 남성들이 더 많아 보인다. 최소한 그런 의사를 내비치는 남성들이 더 적극적인 것만은 사실인 듯하다. 그렇다면 미러링이 남성들의 변화를 이끌어내는 데 실패했다고 진단할 수도 있을 것이다. 하지만 일단 이러한 평가는 다소 섣부르다. 성차별의 역사는 인류의 역사만큼이나 오래되었다. 한국 사회의 성차별은 더욱 공고하다. 미러링 운동 1, 2년 만에 남성들이 갑자기 자각하거나 성차별적 사회구조가 일거에 무너질 것이라고 기대하는 것은 무리다. 그런 '결과'는 미러링만이 아니라 다른 여러 사회 기제들이 함께 작동할 때 가능할 것이다. 요컨대 메갈리아의 미러링이 즉각적인 효과를 창출하지 않았다고 해서 그걸 실패라고 규정할 수는 없다는 것이다.

사실 미러링의 효과는 다른 곳에 있었다. 미러링이 확산되자 저항 주체로서의 여성들이 반응하기 시작했다. 그들은 미러링에 자극받아 함께 웃고 즐기고 분노하면서 다시 깨어났다. 미러링에 참여하는 과정에서 함께 위로받고 연대하고 저항할 수 있음을 깨닫게 되었다는 여성들이 늘어났다. 여성의 문제를 '공부'하겠다는 분위기도 생겼다. 실제로 페미니즘 서적이 최근 사회과학 도서 판매 순위 최상위권을 휩쓰는 기현상으로 이어졌다. 미러링을 즐기던 여성들은 온라인과 오프라인에서의 다양한 페미니즘 모임 결성과 행동을 이어나갔다.

미러링을 절대화하려는 것이 아니다. 그것은 그저 여러 운동 방식 중 하나일 뿐이고, 역사적 소임을 다하고 사라질 수도 있다. 여성들의 저항이 중요한 것이지, 미러링이라는 형식이 중요한 것은 아니기 때문이다. 이 운동의 방식이 '지속 가능한' 것인지는 잘 모르겠다. 그런 점에서 미러링이 '잠정적 동일시'로서의 패러디일 때만 사회비판 행위로 인정될 수 있다거나 집단으로서의 남성이 아닌 성소수자 등 다른 사회적 약자에 대한 혐오로 이어지는 것은 정당화되기 어렵다는 지적을 귀담아들을 필요가 있다.[8]

결국 메갈리아의 미러링을 단순히 또 다른 형태의 혐오로 이해해서는 곤란하다. 미러링을 14장에서 언급할 '대항표현'으로 본다면 그 의미를 좀 더 긍정적으로 재해석할 수 있다.[9] 미러링은 혐오에 대해 소수자들의 연대로 맞선 것이다. 혐오에 대한 사회적 문제의식을 환기하고 여성을 주체화했다는 점에서 대항표현 운동과 동일한 전략적 목표를 설정하여 실제 효과를 거두었다고 할 수 있다. 메갈리아를 "일베에 조직적으로 대응한 유일한 당사자"(정희진)[10]라고 규정하면서 "제대로 시민권을 획득하지 못했던 여성들이 스스로 주체가 되기 위한 몸부림"(손희정)[11]으로 선택한 "저항의 한 방식"(김홍미리)[12]이라고 보는 여성주의자들의 평가는 메갈리아의 미러링을 대항표현으로 간주할 수 있음을 보여준다. 메갈리아가 여성혐오발화를 '아카이빙archiving'함으로써 남초 커뮤니티가 평온하게 여성혐오담론을 재생산하는 것에 균열을 내고 있다는 지적(권김현영)[13]도 주목해볼 만하다. 대항표현은 피해를 최소화하는 유용한 대응이라는 점에서도 중요한 의미를 갖기 때문이다.

14장

혐오표현,
대항표현으로
맞서라

"관악에 오신 성소수자, 비성소수자 신입생 여러분, 모두 환영합니다"

2013년 2월의 일본 도쿄. "조선인을 없애는 일은 해충 구제와 같
다", "죽여라, 죽여, 조선인!" 한국 음식점과 한류 가게가 밀집해 있는
신오쿠보 한인타운에 재특회의 혐한시위대가 무시무시한 팻말을 들
고 몰려들었다.[1] 그리고 바로 그즈음 "차별하지 말라"는 플래카드를
든 또 다른 시위대가 이 혐한시위대에 맞불을 놓기 시작했다. 차별 시
위에 반대 서명을 받는 시민들, "사랑해요"라는 문구가 적힌 풍선을
나눠주는 시민들, 혐한시위대를 향해 춤을 추며 조롱하는 시민들. 어
느 순간 이 대항시위대가 혐한시위대를 압도했다. 한두 번에 그친 것
이 아니다. 혐한시위가 있을 때마다 대항시위대가 맹활약을 했다. 주
저앉아 혐한시위대를 막기도 했고 물리적인 충돌도 불사했다. 2013
년 9월 22일에는 3000여 명의 시민들이 '차별철폐 도쿄 대행진'에 나
섰다.

카운터 운동

혐한시위대에 맞선 이 운동을 일본에서는 '카운터counter' 운동이라고 부른다. 카운터 운동을 주도했던 간바라 하지메 변호사는 카운터 운동의 성과를 이렇게 요약한다.[2] 첫째, 혐오표현의 피해를 최소화하고 피해자의 고통을 줄였다. 둘째, 혐한시위 확산을 막았다. 셋째, 여론을 환기했다. 넷째, 국제연대의 계기가 되었다. 다섯째, 민주주의를 풍요롭게 했다. 아주 현실적인 성과도 있었다. 바로 헤이트 스피치 해소법이 통과된 것이다. 아베 정권 하에서 일궈낸 유의미한 입법적 성과물이었다.

여기서 카운터 운동이 만들어낸 새로운 역학 구도에 주목해볼 필요가 있다. 재특회 등 인종주의자들은 한편으로 재일 코리안들에게 위협을 가하면서 다른 한편으로는 일본인들에게 '함께하자'고 선동했다. 그러니까 재일 코리안 고립에 전체 일본인을 동참시키는 것이 이들의 목표였던 것이다. 그런데 카운터 운동은 이 구도를 '일본 사회' 대 '인종주의자'의 구도로 바꾸고자 했다.[3] 인종주의자들은 재일 코리안들을 고립시키려고 했지만 카운터 운동은 '일본 사회'가 일본인, 재일 코리안, 중국인, 필리핀인, 기타 외국인들이 함께 더불어 사는 사회임을 알리며, 오히려 인종주의자들을 고립시켰다. 이것은 혐오 세력을 제압할 수 있는 아주 유효한 방법이다. 미국에서 흑인이나 히스패닉에 대한 차별에 맞서 '모든 미국인은 평등하다'는 기치를 내거는 것도 바로 그런 대안적인 구도를 만들려는 시도다.

말이 칼이 될 때

반창고로 복원된 현수막

2016년 한국에서도 주목할 만한 사건이 있었다. 서울대 성소수자 동아리 QIS는 정문 근처에 "관악에 오신 성소수자, 비성소수자 신입생 여러분, 모두 환영합니다"라는 현수막을 붙였다. 하지만 일주일 정도 지났을 때 이 현수막은 찢어진 채 발견되었다. 누군가 예리한 칼로 현수막을 훼손한 것이었다. 성소수자에 대한 의도적인 공격이며, 성소수자를 환영하지 않는 누군가가 있다는 것을 보여주는 상징적 행위로 보기에 충분했다. 성소수자 학생들은 많은 상처를 입었을 것이다. 자신이 물리적으로 직접 공격당하는 느낌을 받았을 수도 있고, 학내 구성원 중 누군가가 자신을 저렇게 혐오하고 심지어 공격할지도 모른다는 생각에 공포에 휩싸였을 수도 있다.

성소수자 동아리에서는 현수막을 다시 제작하는 대신 학생들의 연대를 호소했다. 중앙도서관 앞에 찢어진 현수막을 걸어놓고 반창고로 현수막을 붙여달라고 했다. "성소수자의 존재에 대한 공격으로 훼손된 현수막을 회복"해달라고, "서울대학교의 구성원들은 타인의 존재에 대한 혐오와 증오범죄를 용납하지 않는다는 사실을 확인해"달라고 요청했다. 그리고 학생들은 반창고를 들고 현수막 복원에 참여함으로써 지지와 연대의 의사를 표명했다. 현수막이 복원되는 과정에서 찢어진 현수막에 상처 입었던 성소수자 학생들의 마음도 조금은 회복되었을 것이다. 현수막을 찢는 누군가가 있지만 이렇게 많은 학생들이 지지와 연대를 표시했다는 것에 큰 위안을 받았을 것이다. 반창고로 복원된 현수막은 혐오주의자들이 배제하려 했던 성소수자가 대학 공동체에서 평등한 지위를 가진 구성원임을 상징적으로 보여주었다.

대항표현

혐오표현은 기본적으로 '선동'의 성격을 갖고 있다. 한편으로 소수자들을 공격하고 상처를 주는 동시에 제3자에게 소수자에 대한 혐오와 차별에 동참하라고 호소하기 때문이다. 앞서 살펴본 '증오선동'은 그렇게 혐오와 차별의 확대를 직접적인 목표로 하는 것이며, 다른 유형의 혐오표현도 선동의 요소를 어느 정도 가지고 있다. 제3자들이 혐오에 가세하게 되면 소수자들은 더욱 고립되면서 혐오와 차별이 고착화되고 소수자들의 피해가 더욱 확산된다. 어떤 집단에서 혐오표현이 차별과 폭력으로 진화해나가기까지 이러한 확산이 매우 중요한 역할을 한다. 집단적인 폭력이나 학살은 제3자가 동참하거나 최소한 묵인하지 않으면 불가능하기 때문이다.

이러한 혐오표현의 선동을 막는 중요한 방법으로 '대항표현'이 있다. 대항표현은 말 그대로 혐오표현에 맞대응하는 것이다. 일본의 카운터 운동은 혐한시위에 맞서 맞시위를 벌이는 방식으로, 서울대 성소수자 현수막 사건은 보란 듯이 현수막을 복원해내는 방식으로 혐오에 맞섰다. 이러한 연대의 실천이 꼭 거창한 시위의 형태로만 가능한 것은 아니다. 동아리에서 어느 회원이 소수자 회원에게 차별적인 언사를 했을 때, 그 소수자 회원이 배제되고 고립되는 것을 저지하고

말이 칼이 될 때

그와 연대하는 것도 훌륭한 실천이 된다. 자신이 속한 공간 어디에서든 그렇게 국지적 차원의 실천을 할 수 있다.

앞서 언급한 대로 정치 지도자가 연대에 힘을 실어주는 입장을 분명하게 밝히고 관련 정책을 추진하는 것이 중요하다. 또한 각각의 자치 영역에 혐오표현 예방 교육을 지원하거나 혐오표현 방지 매뉴얼 또는 가이드라인을 보급할 수도 있을 것이다. 이것은 대항표현에 대한 지원으로서 '지지하는 규제'의 대표적인 형태라고 할 수 있다.

혐오주의자를 고립시키다

대항표현의 가장 큰 의의는 혐오의 지형을 뒤바꾼다는 것이다. 혐오의 선동은 소수자 집단을 고립시키려고 하지만 대항표현은 거꾸로 소수자와 제3자를 연대시켜 혐오주의자들을 고립시킨다. 일본의 카운터 운동은 다수 일본인과 재일 코리안의 연대를 통해 인종주의자들을 고립시켰고 서울대의 성소수자 현수막 복원은 다수의 학생들이 성소수자와 연대하고 있음을 보여줌으로써 혐오 세력의 준동을 막았다.

그 과정에서 혐오표현 피해자들의 고통이 덜어질 수 있었다. 카운터 운동을 보면서 재일 코리안들은 일본이 살 만한 나라임을 느꼈을 것이고, 현수막이 복원되는 것을 보면서 서울대의 성소수자 학생들은 대학에 다닐 만하다고 생각했을 것이다. 혐오표현의 해악인 정신적 고통과 공존 조건의 파괴가 대항표현으로 어느 정도 치유된 셈이다. 이러한 대항표현은 문제를 조기에 해결해줄 수도 있고, 강제적 조치로 인한 부작용의 우려도 전혀 없다.

대항표현은 제3자뿐만 아니라 피해 당사자 스스로가 할 수도 있다. 비하적인 혐오표현에 대해 웃어넘기거나 침묵하지 않고 조목조목 문제점을 따지는 등의 일상적 실천은 중요한 의미를 갖는다.[4] 무엇이 문제인지 합당한 이유를 찾고 논리를 제시하며 싸워나가는 과정에서 '자력화'도 가능해진다. 자신의 권리를 알고 권리 주장을 하는 과정에서 대항 주체가 형성되는 것이다. 예컨대 일본의 카운터 운동은 혐한시위 현장에 대한 대응을 넘어서서 국내외의 여론을 환기함으로써 구체적인 입법적 성과로 이어졌다. 일종의 온라인 대항표현인 메갈리아의 미러링[5]은 패러디 놀이에 머물지 않고, 여성을 저항 주체로 형성하고 다양한 온라인·오프라인 여성운동으로 진화해나갔다.[6]

미국의 페미니스트 철학자 버틀러는 이러한 대항표현을 언어철학적으로 정당화하기도 했다. 혐오표현이 어떤 의도로 발화되었든 발화의 '주인'은 존재하지 않는다. 발화되는 순간 그 의미는 화자의 통제를 벗어나 과거, 현재, 미래의 맥락에 놓이게 되면서 끊임없이 그 의미를 다시 부여받게 된다.[7] 설사 소수자를 차별하려는 의도로 발화된 혐오표현이라 할지라도 발화자와 청자가 서로 대화를 주고받으며 반박을 하는 가운데 그 의미가 재창조되고 새로운 의미가 부여되면서 발화자의 의도에 담긴 최초의 '해악'은 차후에 스스로 치유될 수도 있는 것이다.[8] 버틀러의 이러한 입장은 대항표현의 가능성을 보여주는 것이다. 혐오표현의 문제를 법을 통한 금지, 처벌에만 의존할 것이 아니라 다시 맞받아쳐서 그 의미를 전복시키고 다른 의미를 부여함

말이 칼이 될 때

으로써 문제를 해결할 수 있다는 것이다.

우리 모두의 몫이다

대항표현은 혐오표현 자체를 금지하고 억압하지 않으면서도 그 해악을 치유해나갈 수 있는 위력적인 방법이다. 더 많은 표현으로 혐오표현에 맞설 수 있다면 그보다 효과적인 방법은 없을 것이다.

다만 대항표현에 너무 많은 환상을 갖는 것은 금물이다. 대항표현을 지나치게 강조하는 것은 혐오표현이 개인의 사적 실천으로 해결될 수 있다는 착각을 불러일으킬 수 있다. 당사자 개인의 대응은 문제를 조기에 해결하거나 피해를 줄이는 효과적인 방법이지만 결국에는 집단적, 조직적 대응이 문제 해결에 더욱 중요하다. 혐오표현으로 고통받는 당사자 개인이 문제를 스스로 해결하도록 방치해서는 안 된다는 것이다. 당사자 개인 이외에 사건 현장의 목격자들, 그리고 사건을 전해들은 다른 공동체 구성원들이 집단적 항의에 나서야 한다. 그렇게 함께 혐오표현에 대응함으로써 피해자가 아니라 발화자를 고립시키는 것이 대항표현의 궁극적 목표가 되어야 한다. 일본의 카운터 운동이나 서울대의 현수막 복원은 공동체 구성원들이 집단적, 조직적 대항표현을 성공적으로 수행해낸 사례였다.

그렇다고 대항표현을 시민사회의 몫으로만 떠넘겨서도 안 된다. 시민사회의 자율적 실천으로는 한계가 있으므로 국가적, 법적, 제도적으로 대항표현을 지원하는 것이 중요하다. 인권센터, 상담소, 인권

교육, 홍보 자료 등을 제공하는 것은 대항표현을 효과적으로 지원하는 방법이다. 대항표현을 한 사람이 거꾸로 부당한 위협을 받지 않도록 보호하는 것 역시 국가, 법, 제도의 몫이다. 어느 연구에 따르면, 혐오표현에 대한 대응을 어렵게 하는 가장 큰 요인은 폭력이나 차별로 보복당할 가능성에 대한 두려움이라고 한다.[9] 섣불리 저항했다가 오히려 역공을 당할 수도 있기 때문에 저항을 포기한다는 것이다. 법과 제도가 이러한 보복행위를 철저하게 규제해야 대항표현의 가능성이 열릴 수 있다. 이것 역시 법과 제도가 대항표현을 지원하는 하나의 방법이다. 이러한 대항표현은 9장에서 언급한 '표현의 자유를 증진하는 개입', 11장에서 제시한 '지지하는 규제'의 한 형태로 간주될 수 있다.

혐오표현 규제에 반대하는 사람들은 종종 이런 얘기를 한다. "소수자에 대한 폭력과 학살이 있었던 유럽과는 달리 한국은 그런 일이 없지 않았냐? 혐오표현의 위험성이 과장되어 있다." 완전히 틀린 얘기는 아니다. 최소한 한국에서는 차별과 혐오를 선동하고 직접적인 린치를 가하는 '혐오조직'이 활개를 치진 않으니까 말이다. 하지만 눈에 보이는 폭력이 없다고 해서 방심할 문제는 결코 아니다. 혐오표현은 그 자체로 해악을 가지고 있고 실제 차별로 이어진 경우도 허다하다. 폭력으로 이어진 경우도 없지 않다. 이주노동자에 대한 폭행은 일일이 소개하기 어려울 정도로 빈번하다. 2016년에는 어느 동성애자가 '호모새끼'라는 말을 들어가며 폭행을 당했고 서강대, 성균관대, 홍익대, 이화여대 등에서는 성소수자 환영 현수막이 훼손되었다. 이외에도 잘 알려지지 않은, 예컨대 혐오가 주된 동기는 아니었어도 폭력의 계기로 작동한 경우도 얼마든지 있을 것이다. 이런 현실을 두고 "폭력이나 학살은 없지 않냐?"라는 질문은 가당치 않다.

최근 우리 사회에는 우려되는 일들이 적지 않다. 일단, 온라인상의 혐오가 오프라인으로 넘어가는 조짐이 있다. 2014년 어느 일베 회원의 황산 테러와 좀 더 조직적이었던 폭식 투쟁은 그들의 '말'이 '실행'될 수도 있음을 보여주는 장면이었다. 다행히 그 이후에 잠잠해지긴 했지만 일단 오프라인에 등장했다는 것 자체가 중요하다.

둘째, 최근 혐오표현이 빈곤, 불평등, 실업 등의 사회경제적 위기와 결부되는 경우가 있다는 사실이다. 외국인 노동자에 대한 혐오를 '일자리 문제'와 연결시킨다거나 '세금 폭탄'을 피하기 위해 동성애에 반대해야 한다거나 5·18유공자의 공무원시험 가산점에 대해 "공부해봐야 소용없다"고 선동하는 것이 대표적이다. 사회경제적 위기가 단기간에 극복되기 어려운 상황이라는 점을 고려하면 이 위기가 혐오와 만날 가능성은 언제든지 열려 있다. 편견이 항상 발화되는 것은 아니지만 자신의 사회경제적 상황과 관련되면 쉽게 폭발할 수 있다. 실제로 성소수자에 대한 특별한 생각이 없던 사람이 "동성애자 세금 폭탄"이라는 말에 갑자기 분노하거나 취업난에 고통받는 사람이 "일자리를 빼앗는 외국인 노동자"라는 말에 거친 말을 내뱉을 수도 있다. "동성애를 혐오한다"거나 "외국인 노동자를 쫓아내자"고 말하는 것을 부끄럽게 느끼는 사람이 세금 폭탄이나 일자리 문제가 개입되면 최소한의 윤리적인 자기 검증을 중단하게 된다. 사회경제적 위기가 쉽게 해결될 수 없는 난제일수록 엉뚱하게도 만만한 상대에게 손쉬운 방법으로 분노를 표출하게 된다. 미국이나 유럽에서는 혐오의 확산을 그들 나라의 사회경제적 상황과 연결시키는 분석이 많다. 역사적으로 파시즘이 경제 위기와 함께 나타난 것은 결코 우연이 아니다. 나치즘이 중간계층의 위기에서 싹텄다는 것은 잘 알려진 사실

말이 칼이 될 때

이다.[1]

결국 한국 사회는 혐오표현에 대한 사회적, 정치적 대응에 사실상 실패했다. 영향력 있는 정치 지도자나 사회 유력 인사들, 종교계 지도자들이 혐오와 분명히 선을 긋지 않는다. 교육 현장에도 혐오에 맞선 대책이 체계적으로 수립되어 있지 않다. 회사 등 사적 영역에서 차별과 혐오에 민감한 것도 아니고 건강한 시민사회가 혐오에 맞설 내성을 갖고 있다고 보기도 어렵다. 최근 메갈리아에 대한 공세나 페미니즘 교사에 대한 무자비한 공격, 동성애자와 이주자의 권리를 강화하는 헌법 개정에 반대하는 보수 개신교계의 움직임 등을 보면 결코 만만한 상황이 아님을 알 수 있다.

또 한 가지, 한국 사회는 여전히 혐오의 확산에 취약한 조건을 가지고 있는 것으로 보인다. 심리학자 올포트는 다음과 같은 사회에 차별과 혐오를 낳는 '편견'을 가진 사람이 많다고 지적한 바 있다. 사회 구조에 이질적 요소가 많고, 사회 이동성이 있고, 급격한 사회 변화가 있고, 의사소통과 지식의 전달이 막혀 있고, 소수자 집단의 규모가 늘어나고 있고, 경쟁과 갈등이 있고, 착취로 이익을 얻고 있고, 공격적으로 화를 내는 것이 사회적으로 억제되지 않고, 민족중심주의의 전통이 있고, 동화주의나 문화다양성이 허용되지 않는 사회가 그것이다.[2] 여기서 한국 사회의 상황을 정교하게 분석할 여력은 없지만, 올포트가 제시하는 상황적 요소 중 한국에 해당하는 것이 적지 않아 보인다. 특히, 다양성의 수용이라는 측면에서 한국은 매우 취약하다. 여성가족부 조사에 따르면, 한국인 중 외국인 노동자와 이민자를 이웃으로 삼고 싶지 않다는 응답이 31.8퍼센트였다. 미국(13.7퍼센트), 호주(10.6퍼센트), 스웨덴(3.5퍼센트) 등과 현격한 차이가 난다. 2010~2014년 '세계 가치관 조사World Values Survey'에서 한국은 '다른 인종에 대한 수용성' 항목에서 59개국 중 51위를 차지했다. 같은 조사에서 한국인의 79.8퍼센트가 동성애자를 이웃으로 받아들이고 싶지 않다고 응답했다. 네덜란드(6.9퍼센트), 미국(20.4퍼센트), 독일(22.4퍼센트) 등 서구 국가는 물론, 싱가포르(31.6퍼센트), 대만(40.8퍼센트), 중국(52.7퍼센트), 말레이시아(58.7퍼센트)와 비교해도 현저히 높다.

2017년 8월 미국 버지니아주 샬러츠빌에서 백인 우월주의 세력들의 집회가 열리면서 세 명이 숨지고 30여 명이 부상을 입는 참사가 발생했다. 이 사건에 대해 트럼프가 "여러 편"의 잘못이라면서 백인 우월주의자들을 사실상 옹호하는 듯한 발언을 하자 오바마 전 대통령을 비롯한 유수의 사회 인사들이 반발하기 시작했다. 유수 기업의 CEO 등 제조업자문위원회의 위원 일곱 명이 사퇴했다.[3] 대통령 직속 자문기구인 전략정책포럼 의장 스티븐 슈워츠먼Stephen Schwarzman 블랙스톤 회장은 "편협함, 증오, 극단주의는 미국의 핵심 가치에 대한 모욕"이라고 얘기했고 JP모간체이스의 CEO인 제이미 다이먼Jamie Dimon 은 임직원들에게 "인종주의, 편협함, 폭력은 언제나 잘못된 것"이라는 편지를 보냈다. 공화당 원내대표와 (보수 성향의) 〈폭스뉴스〉 진행자도 트럼프를 비판하고 나섰다. 트럼프가 고립된 것이다. 한국이었으면 어땠을까? 보수 정당의 극우 대통령이 집권을 하고 인종주의·호모포비아 발언을 쏟아낸다고 가정해보자.[4] 여야 정치권이 대통령을 강력히 비난하고 대통령이 임명한 자문위원회 CEO들이 줄줄이 사퇴하면서 "혐오와 폭력에 반대한다"고 성명을 발표하는 상황이 벌어졌을까? 민주주의를 지키기 위해 촛불을 들었던 위대한 대한민국 국민이지만 대통령의 소수자 혐오에 맞서서도 그런 범국가적 저항이 가능할까? 이 질문에 '걱정 말라'고 단언할 자신은 없다.

혐오표현의 문제를 제기하는 것은 결국 '공존의 사회'를 만들어가기 위함이다. 제러미 월드론은 공존과 공공선을 이야기한다. 누스바움은 인간을 존중하고 "상상력을 동원해 타인의 삶에 감정적으로 참여"하는 정치적 태도인 "인류애의 정치politics of humanity"를 말한다.[5] 지금 우리 현실에서 중요한 화두가 아닐 수 없다. 혐오표현은 이러한 공존의 조건을 파괴하겠다는 선언이나 다름없다. 혐오표현이 난무하는 사회에서 다양한 배경과 속성을 가진 사람들이 함께 더불어 산다는 것은 불가능하다. 혐오표현의 문제에 대응하는 것은 '공존의 사회'를 위한 최소한의 요건이다.

다시 한 번 강조하지만 혐오표현금지법이 없어서 문제라는 얘기를 하려는 게 아니다. 그 이전에 혐오와 차별의 현실에 대해 무감각한, 그래서 별다른 대책조차 없이 수수방관하고 있는 한국의 현실을 이야기하는 것이다. 이 상황에서 중요한 것은 혐오표현에 대한 대응 방법으로 형사범죄화가 적실한지를 따지는 것이 아니다. 국가건 사회건 작금의 현실을 충분히 민감하게 받아들이지 않고, 따라서 유의미한 조치를 취하고 있지 않은 것 자체가 문제다. 어디서부터 희망의 대안을 찾아가야 할지 막막하지만 최소한 할 수 있는 것이라면 무엇이라도 해봐야 하지 않을까? 입법 조치나 법적 대응에 한정하지 말고 전 세계에서 고안되고 실천되어온 거의 모든 반혐오표현 대책을 이 책에 모두 망라한 이유도 그래서다. 어떤 것이라도 시작해야 하는 절박한 상황이 우리 앞에 놓여 있기 때문이다.

| 부록 1 |

이 책의 바탕이 된 저자의 원고들

홍성수, "혐오표현의 규제: 표현의 자유와 소수자 보호를 위한 규제대안의 모색", 〈법과사회〉, 50호, 2015, 287~336쪽.

〈혐오표현 실태조사 및 규제방안 연구, 2016년도 인권상황 실태조사 연구용역보고서〉, 연구책임자: 홍성수, 국가인권위원회, 2016.

홍성수, "사이버상 혐오표현의 법적 쟁점과 규제방안", 〈언론중재〉 140, 2016년 가을호, 44~57쪽.

홍성수, "혐오표현과 혐오범죄: 법개념과 사회적 의미, 법규제와 사회적 대응", 강남 '여성 살해' 사건 관련 긴급 집담회 - 대한민국 젠더폭력의 현주소, 서울시청, 2016년 5월 26일.

제러미 월드론, 《혐오표현, 자유는 어떻게 해악이 되었는가》, 홍성수·이소영 옮김, 홍성수, "해제", 이후, 2017.

홍성수, "일베, '규제' 보다는 '더 많은 표현'을", 〈시민정치시평〉 187, 참여사회연구소, 2013년 8월 1일(http://www.peoplepower21.org/Research/1059356).

홍성수, "더 이상 미룰 수 없는 과제, 차별금지법 제정", 〈한겨레신문〉, 2013년 3월 31일.

홍성수, "혐오범죄, 대통령의 입장은", 〈한국일보〉, 2014년 12월 16일.

홍성수, "과민반응? 아니, 모두의 문제", 〈한겨레21〉 1114호, 2016년 6월 6일.

홍성수, "소수자를 반대하는 국민통합?", 〈한겨레신문〉, 2017년 4월 26일.

홍성수, "성소수자 인권 문제, 대선 이슈로 떠오르다", 〈참여사회〉, 2017년 6월호.

한겨레21 연재기사

1회 "나쁜 표현' 앞 새로운 전선", 〈한겨레21〉 1062호, 2015년 5월 25일.

2회 "괴담 잡기에 쓸 힘 '혐오표현' 잡기에 쓰시라!", 〈한겨레21〉 1066호, 2015년 6월 22일.

3회 "화끈한 혐오표현 처벌? 차별금지법부터 만들라!", 〈한겨레21〉 1069호, 2015년 7월 13일.

4회 "'문창극법'만 있으면 된다?", 〈한겨레21〉 1072호, 2015년 8월 3일.

5회 "'혐오할 자유' 보장하는 미국? 멋모르는 소리!", 〈한겨레21〉 1075호, 2015년 8월 24일.

6회 "어떤 혐오표현을 제한할 것인가", 〈한겨레21〉 1078호, 2015년 9월 14일.

7회 "법은 하나의 '방법'일 뿐", 〈한겨레21〉 1082호, 2015년 10월 19일.

홍성수 인터뷰, "강남역 여성 살인 사건, 형벌 포퓰리즘 안 통했다", 〈오마이뉴스〉, 2016년 6월 15일(http://www.ohmynews.com/NWS_Web/View/at_pg.aspx?CNTN_CD=A0002216497).

홍성수 인터뷰, "그럼에도 차별금지법 제정해야 하는 이유", 〈뉴스앤조이〉, 2017년 3월 6일(http://www.newsnjoy.or.kr/news/articleView.html?idxno=209295).

혐오표현 관련 문헌 소개

* 제러미 월드론, 《혐오표현, 자유는 어떻게 해악이 되는가?》, 홍성수 · 이소영 옮김, 이후, 2017.

미국은 표현의 자유 절대주의자들이 위세를 떨치고 있는 사회다. 혐오표현금지법도 없고, 학계의 다수 견해도 혐오표현 금지 정책에 회의적이다. 그런 가운데 혐오표현 규제 찬성론에 외롭게 서 있는 학자가 바로 제러미 월드론이다. 월드론은 혐오표현이 다양한 사회 구성원들이 동등하게 존엄한 삶을 살아갈 수 있는 조건을 파괴한다고 주장한다. 그의 논의는 혐오표현 금지 정책을 지지하는 가장 수준 높은 논거를 제시하고 있다. 혐오표현 규제에 반대하고 표현의 자유를 옹호하려고 하더라도 월드론의 입장은 반드시 넘어야 할 산이다.

* 모로오카 야스코, 《증오하는 입: 혐오발언이란 무엇인가》, 조승미 · 이혜진 옮김, 오월의 봄, 2015.
* 간바라 하지메, 《노 헤이트 스피치: 차별과 혐오를 향해 날리는 카운터펀치》, 홍상헌 옮김, 나름북스, 2016.

혐오표현의 문제를 개념부터 대응 방안까지 종합적이고 체계적으로 다룬 문헌이 거의 없는 상황에서 이 두 권의 책은 소중하다. 두 권 모두 일본에서 혐오표현 대응에 직접 관여해온 활동가이자 변호사가 쓴 책으로, 그들의 치열한 고민과 연구가 고스란히 담겨 있다. 다만 일본 사례를 전제로 한 책이라 일본의 인종혐오 문제만을 다뤘다는 아쉬움이 있다. 혐오표현에 관한 이론에 좀 더 관심이 있는 독자라면 이승현 박사의 학위 논문(〈혐오표현에 대한 헌법적 고찰〉, 연세대학교 박사학위논문, 2016)을 권하고 싶고, 논문으로는 본문에 소개한 홍성수(2015), 이주영(2015), 김지혜(2015)를 추천한다.

* 이일하, 《카운터스》, 21세기북스, 2016.

* 야스다 고이치, 《거리로 나온 넷우익: 그들은 어떻게 행동하는 보수가 되었는가》, 김
현욱 옮김, 후마니타스, 2013.

일본의 혐한시위에 대항한 카운터 운동은 대중적인 반혐오 운동의 모범적인 사례로서
특별히 주목할 필요가 있다. 시민운동적 차원에서의 반혐오 대응운동이 어떻게 가능할
수 있는지 참고가 될 수 있는 귀중한 사례다. 《카운터스》에는 이 운동이 확산되어간 과
정이 고스란히 담겨 있다. 《거리로 나온 넷우익》에는 일본의 넷우익이 탄생하게 된 배
경과 결국 혐한시위의 주동자로 성장하게 된 과정이 자세히 기술되어 있다. 앞으로 한
국의 혐오세력들이 어떻게 발전해나갈지 가늠해볼 수 있게 해주는 사례다.

* Article19, 'Hate Speech' Explained: A Toolkit, 2015; 〈'혐오표현' 해설〉, 서울대학교 인
권센터.

아티클19라는 국제인권단체가 만든 혐오표현 팸플릿이다. 작은 책자지만 혐오표현의
개념부터 대응까지 모든 것이 알차게 담겨 있다. 서울대 인권센터 홈페이지(http://hrc.
snu.ac.kr/)에서 무료로 다운받아 볼 수 있으니 더욱 감사한 일이다. 이 팸플릿을 만든
아티클19는 세계적인 표현의 자유 옹호단체다. 표현의 자유가 중요하다고 말하면서도
'그럼에도 불구하고' 혐오표현이 규제되어야 하는 이유를 설득력 있게 제시한다. 유일
한 아쉬움은 한국적 맥락에서 쓰인 것은 아니라는 점이다. 한국에도 대중용으로 알기
쉽게 혐오표현을 설명한 작은 팸플릿이 하나 있었으면 하는 생각을 늘 하고 있다.

* 카롤린 엠케, 《혐오사회: 증오는 어떻게 전염되고 확산되는가》, 정지인 옮김, 다산초
당, 2017.

* 김민하 외, 《지금, 여기의 극우주의》, 자음과 모음, 2014.

혐오표현을 종합적으로 다룬 문헌은 거의 없지만, 혐오 그 자체를 분석한 문헌들 중에
는 도움이 될 만한 것들이 적지 않다. 《혐오사회》는 소수자에 대한 혐오가 어떻게 집단
화되고 사회적 공모의 단계까지 나아가는지를 간명하게 설명하고 있다. 거꾸로 말하면
어느 단계에서 혐오에 적극적으로 개입해야 하는지를 보여준다. 유럽과는 달리 한국에
서는 아직 혐오에 기반한 극우 정당이 출현한 것은 아니지만, 이미 현실 정치에서 그런
징후가 나타나고 있다. 《지금, 여기의 극우주의》는 한국 사회의 혐오가 극우 정치로 연
결될 가능성을 진단하고 있다는 점에서 특기할 만하다. 혐오를 사회, 정치, 여성, 법의

관점에서 각각 분석한 글들을 모은 《#혐오_주의》(박권일 외, 알마, 2016)도 권할 만하고, '여성혐오'와 관련해서는 《여성혐오를 혐오한다》(우에노 치즈코, 은행나무, 2012), 《여성 혐오가 어쨌다구?: 벌거벗은 말들의 세계》(윤보라 외, 현실문화, 2015), 《여혐, 여자가 뭘 어쨌다고》(서민, 다시봄, 2017)가 참고가 될 수 있다. 그동안 혐오와 관련한 기사들은 꽤 많았지만, 그중에서도 〈경향신문〉의 "창간기획: 혐오를 넘어(http://nohate. khan.co.kr)"가 발군이다. 혐오의 현실을 날카롭게 짚어냈고, 특히 시민사회의 혐오 대응도 심혈을 기울여 조명했다.

* 주디스 버틀러, 《혐오발언: 너와 나를 격분시키는 말 그리고 수행성의 정치학》, 유민석 옮김, 알렙, 2016.
혐오표현이 '표현'에 머무르고 있는 한 규제와 처벌이 능사는 아니다. 말로 맞받아쳐 격퇴할 수 있다면 그보다 더 좋은 해법은 없을 것이다. 버틀러는 이러한 능동적 대응이 어떻게 가능한지를 언어철학에 기반하여 설명한다. 쉬운 책은 아니다. 혐오발언의 효력이 절대적이지 않다거나 국가 규제가 자의적이라는 저자의 논지까지는 그런대로 이해할 수 있지만, "국가가 혐오발언을 생산한다"는 의미를 이해하기 위해서는 상당한 인내가 필요하다. 그래도 해제를 읽어가며 도전해볼 가치는 충분하다. 참고로 《주디스 버틀러 읽기》(임옥희, 여이연, 2006)에 도움이 될 만한 해설(6장 "혐오발화와 포르노그래피 논쟁")이 실려 있다.

* 데버러 헬먼, 《차별이란 무엇인가: 차별은 언제 나쁘고 언제 그렇지 않은가》, 김대근 옮김, 서해문집, 2016.
* 이준일, 《차별 없는 세상과 법》, 홍문사, 2012.
혐오와 혐오표현을 차별과 관련해서 접근하는 것은 매우 중요하다. 그렇다면 혐오를 이해하기 위해서는 차별에 관한 이해가 전제되어야 한다. 차별의 문제를 이해하기 위한 가장 좋은 책으로 헬먼의 《차별이란 무엇인가》를 추천한다. 우리는 이미 수많은 차별을 하고 있지만, '문제가 되는 차별'은 역사적으로 불평등한 대우를 받고 있고, 현재에도 불이익을 받고 있는 고유한 정체성을 가진 집단에 대한 차별이다. 수많은 차별 속에서 '부당한 차별'을 구별해낼 수 있다면 수많은 나쁜 표현들 속에서 문제가 되는 '혐오표현'을 골라낼 수 있을 것이다. 법학의 시각에서 차별 문제를 다룬 책으로는 《차별 없는 세상과 법》이 큰 도움이 된다.

* 앤서니 루이스, 《우리가 싫어하는 생각을 위한 자유: 미국 수정헌법 1조의 역사》, 박지웅 · 이지은 옮김, 간장, 2010.

* 박경신, 《표현 · 통신의 자유: 이론과 실제》, 논형, 2013.

혐오표현의 문제를 다루기 위해서는 '표현의 자유'와의 대결이 불가피하다. 표현의 자유가 얼마나 중요한 가치인지를 이해해야, 그럼에도 불구하고 혐오 '표현의 자유'를 제한해야 하는지를 이야기할 수 있다. 표현의 자유 이론은 미국에서의 논쟁과 실무에서 영향을 받은 바가 크다. 미국적 맥락에서 표현의 자유 문제를 설명하고 있는 《우리가 싫어하는 생각을 위한 자유》는 표현의 자유에 관한 가장 훌륭한 기본서다. 《표현 · 통신의 자유》는 표현의 자유 문제를 한국 사회에서의 최신 쟁점을 사례로 삼아 일관되게 서술한 책이라는 점에서 일독의 가치가 충분하다.

* 나카지마 요시미치, 《차별 감정의 철학: 타인에 대한 부정적 감정을 어떻게 마주할 것인가》, 김희은 옮김, 바다출판사, 2018.

편견이나 차별 감정으로부터 완전히 자유로운 사람은 거의 없다. 혐오표현의 이슈는 그 편견이나 차별 감정이 '표현될 때' 발생하는 문제들을 다루지만, 이 책은 '표현 이전'에 차별 감정이 어떻게 형성되는지를 다루고 있다. 차별 감정 자체를 직접 규제할 수는 없지만, 그 감정 자체를 통제하는 것은 여전히 의미가 있다. 더 근본적인 해법이라고도 할 수 있다. 이 책은 '차별하고 싶은 자신'에 대한 끊임없는 자기성찰을 역설한다. 전적으로 동의하지만, 개인들의 노력에 모든 것을 맡겨서는 안될 것이며, 사회 · 문화적 접근, 교육, 기타 공공정책 등을 통해 그러한 성찰적 개인을 지원해야 한다는 점을 다시 한 번 강조하고 싶다.

* 이정복, 《한국사회의 차별 언어》, 소통, 2014.

내가 '혐오표현'이라는 개념어를 선호하는 이유는 본문에서 자세히 설명되어 있지만, 사실 좀 더 무난한 말은 '차별 언어'다. 결국 문제는 '차별'이기 때문에 차별 언어라는 표현이 문제를 더욱 분명하게 드러내주는 측면도 이다. 이 책은 한국 사회에서 쓰여지는 차별 언어를 유형별로 제시하고 그 사회적 쓰임새를 분석하고 있으며, 이 문제를 해결하기 위해서 정부, 언론 · 사회, 개인 차원에서 해야 할 과제도 제안하고 있다. 언어학자의 연구답게 방대한 차별 언어들의 용례를 상세하게 분석 · 제시하고 있고, 김여사, 된장녀, 개똥녀 등 최근 이슈가 되었던 차별 언어들까지도 빠짐없이 다루고 있다. 혐오표현 문제에 관심에 관심이 있다면 그냥 지나칠 수 없는 책이다.

말이 칼이 될 때

프롤로그

1 예컨대 2016년 3월 21일 한국프레스센터에서 '교회와 신앙' 주최로 "동성애에 대한 표현의 자유와 국내외 입법 동향"이란 제목의 포럼이 열렸다.

2 백상현,《동성애 is》, 미래사, 2016, 121쪽.

3 조영길, 〈동성애, 차별금지법 비전 문화특강〉, 새중앙교회 대예배당, 2016년 11월 13일(http://blog.naver.com/dreamteller/220860830583).

4 2016년 9월 시사주간지 〈시사IN〉이 '분노한 남자들'에 의한 메갈리아 공격을 비판적으로 분석한 기사를 게재하면서 '오늘의유머', '클리앙' 등 진보 성향의 온라인 커뮤니티들이 절독 운동을 벌인 사태.

5 2016년 7월 정의당 문화예술위원회가 여성주의 온라인 커뮤니티 메갈리아를 지지하는 논평을 냈다는 이유로 일부 당원들이 탈당한 사태. 이들은 남성혐오를 조장하는 메갈리아를 지지하는 것은 부당하다고 주장했다.

1장 혐오표현은 무엇이고 왜 문제인가

1 〈형영당 일기〉는 2006년 극본 공모전에서 대상을 수상한 작품으로, 2014년 11월 MBC 〈드라마 페스티벌〉에서 방영되었다. 이에 '동성애문제대책위원회'라는 단체에서는 방영을 중단하라며 MBC 사옥 앞에서 항의시위를 벌였다.

2 여기서 언급된 일본 혐한시위대의 구호들은 다음 책에서 인용한 것이며, 편의상 일일이 인용 표시를 하지는 않았다. 간바라 하지메,《노 헤이트 스피치: 차별과 혐오를 향해 날리는 카운터펀치》, 홍상헌 옮김, 나름북스, 2016; 야스다 고이치,《거리로 나온 넷우익: 그들은 어떻게 행동하는 보수가 되었는가》, 김현욱 옮김, 후마니타스, 2013; 모로오카 야스코,《증오하는 입: 혐오발언이란 무엇인가》, 조승미·이혜진 옮김, 오월의봄, 2015; 이일하,《카운터스》, 21세기북스, 2016.

3 "'몸 파는 여자나 지하철서 화장…' 동국대 교수 막말 규탄 대자보", 〈한겨레신문〉, 2017년 6월 21일 (http://www.hani.co.kr/arti/society/society_general/799632.html #csidxec789289270a883ba0dfab0d1ce442c).

4 우에노 치즈코,《여성 혐오를 혐오한다》, 나일등 옮김, 은행나무, 2012, 37쪽.

5 International Covenant on Civil and Political Rights, 1966. 이하 국제조약의 번역 은 유네스코 한국위원회가 펴낸《국제인권조약집》(2000) 참조.

6 Recommendation No. R (97) 20 on "hate speech" adopted by the Committee of Ministers of the Council of Europe on 30 October 1997.

7 C. R. Lawrence III, "If He Hollers Let Him Go: Regulating Racist Speech on Campus", in M. J. Matsuda et al. Words That Wound: Critical Race Theory, Assaultive Speech, And The First Amendment, Westview Press, 1993, pp.59-62.

8 데버러 헬먼,《차별이란 무엇인가: 차별은 언제 나쁘고 언제 그렇지 않은가》, 김 대근 옮김, 서해문집, 2016. 이 책에서 헬먼은 소수자는 역사적으로 부적절한 처 우와 관련이 있거나 현재의 사회적 불이익과 관련 있는 특성(HSD, History of mistreatment or current Social Disadvantage)을 가지고 있다고 한다.

9 크리스티앙 들라캉파뉴,《인종차별의 역사》, 하정희 옮김, 예지, 2013.

10 〈혐오표현 실태조사 및 규제방안 연구〉, 국가인권위원회 2016년도 인권상황 실태 조사 연구용역보고서, 연구책임자: 홍성수, 2016, 21쪽.

11 김지혜, "차별선동의 규제: 혐오표현에 관한 국제법적 · 비교법적 검토를 중심으 로", 〈법조〉 64(9), 2015; 이주영, "혐오표현에 대한 국제인권법적 고찰", 〈국제법학 회논총〉 60(2), 2015.

12 〈혐오표현 실태조사 및 규제방안 연구〉, 21쪽의 혐오표현 개념 정의를 수정 · 보완 한 것이다.

13 비슷한 맥락에서 여성혐오라는 호명이 부당한 현실을 타파하는 단초가 될 수 있으 며 각자의 개별적 경험을 여성혐오로 결속시킬 필요성이 제기된다. 이민경,《우리 에겐 언어가 필요하다: 입이 트이는 페미니즘》, 봄알람, 2016, 98~102쪽 참조.

14 단행본으로는 이현재,《여성혐오 그 후, 우리가 만난 비체들》, 들녘, 2016; 우에노 치즈코,《여성혐오를 혐오한다》; 윤보라 외,《여성혐오가 어쨌다구?: 벌거벗은 말들 의 세계》, 현실문화, 2015; 양파(주한나),《여혐민국》, 베리북, 2017; 아이즈 편집부, 《2016 여성혐오 엔터테인먼트》, 아이즈북, 2016; 한국여성민우회 편,《거리에 선

페미니즘: 여성혐오를 멈추기 위한 8시간, 28800초의 기록》, 궁리, 2016; 학술 문헌으로는 김은주, "여성혐오(misogyny) 이후의 여성주의(feminism)의 주체화 전략: 혐오의 모방과 혼종적(hybrid) 주체성", 〈한국여성철학〉 26, 2016; 김수아, "온라인상의 여성혐오 표현", 〈페미니즘 연구〉 15(2), 2015; 김지혜 · 이숙정, "여성혐오에 대응하는 온라인 커뮤니티의 실천 전략과 장치의 세속화 가능성", 〈커뮤니케이션학연구〉 25(1), 2017; 이나영, "여성혐오와 젠더차별, 페미니즘", 〈문화와 사회〉 22, 2016; 정인경, "포스트페미니즘 시대 인터넷 여성혐오", 〈페미니즘 연구〉 16(1), 2016 등 참조

15 이나영 · 백조연, "〈성과학연구협회〉를 중심으로 본 '개신교' 동성애 '혐오담론'", 〈여성학연구〉 27(1), 2017; 한채윤, "동성애와 동성애 혐오 사이에는 무엇이 있는가", 〈생명연구〉 30, 2013.

16 장애인 혐오에 대해서는 "별도 제재 없는 웹툰, 장애 비하 · 희화화 · 혐오표현 많아", 〈웰페어뉴스〉, 2017년 8월 8일 (http://www.welfarenews.net/news/articleView. html?idxno=62219) 참조: 여성, 장애인, 소수인종, 성소수자에 대한 혐오를 다루고 있는 홍재희, 《그건 혐오예요: 상처를 덜 주고받기 위해 해야 하는 말》, 행성B, 2017; 역시 이주, 장애, 성소수자에 대한 혐오표현의 문제를 다루는 〈혐오표현의 실태와 대책 토론회 자료집〉, 서울대 인권센터, 혐오표현 연구모임 주최, 서울대 근대법학교육백주년기념관, 2016년 1월 28일 등 참조.

17 임옥희, "혐오발언, 혐오감, 타자로서 이웃", 〈도시인문학연구〉 8(2), 2016; 김지혜, "차별선동의 규제": 이정념, "온라인 혐오발언과 의사표현의 자유", 〈저스티스〉 153, 2016; 이준일, "혐오표현과 차별적 표현에 대한 규제의 필요성과 방식", 〈고려법학〉 72, 2014; 이승현, "혐오표현 규제에 대한 헌법적 이해", 〈공법연구〉 44(4), 2016; 박해영, "혐오표현(Hate Speech)에 관한 헌법적 고찰", 〈공법학연구〉 16(3), 2015; 이광진, "혐오표현과 표현의 자유", 〈법과 정책연구〉 17(1), 2017; 배상균, "일본의 혐오표현 형사 규제에 관한 검토", 〈형사정책연구〉 28(2), 2017; 노재철 · 고준기, "hate-speech 등 인종주의적 혐오표현에 대한 법적 규제의 동향과 시사점", 〈법학논총〉 40(3), 2016; 홍성수, "혐오표현의 규제: 표현의 자유와 소수자 보호를 위한 규제대안의 모색", 〈법과 사회〉 50, 2015; 박지원, "혐오표현의 제재 입법에 관한 소고", 〈미국헌법연구〉 27(3), 2016; 이주영, "혐오표현에 대한 국제인권법적 고찰: 증오선동을 중심으로" 등 참조

18 유치원과 초·중·고 교사 10명 가운데 여섯 명이 학교에서 '여성혐오' 표현을 듣거나 접해봤다는 조사 결과가 나왔다. 이때 교사들이 여성혐오라고 인지한 것은 극단적인 여성혐오표현의 사례만은 아니었을 것이다. "'선생님, 김치녀세요?' 교사 60퍼센트 '여성혐오 표현' 경험", 〈연합뉴스〉, 2017년 7월 10일(http://news.naver.com/main/read.nhn?mode=LSD&mid=sec&sid1=102&oid=001&aid=0009396963).

2장 혐오표현과 한국 사회

1 이준석, "막연한 거부감과 절박함의 대립", 〈주간경향〉, 1028호, 2013년 6월 4일 (http://weekly.khan.co.kr/khnm.html?mode=view&code=115&artid=2013052810 48351&pt=nv).

2 이하의 내용은 다음을 참조했다. 김지혜, "모욕적 표현과 사회적 차별의 구조: 일상의 언어와 법적 접근 방향", 〈법과사회〉, 55, 2017, 6쪽 이하; 유민석, 《메갈리아의 반란》, 봄알람, 2016, 2장 참조.

3 야스다 고이치, 《거리로 나온 넷우익》, 101쪽.

4 이 점은 다음을 참조하라. 윤지영, "현실의 운용원리로서의 여성혐오: 남성공포에서 통감과 분노의 정치학으로", 〈철학연구〉 115, 2016, 235~237쪽; 윤지영, "전복적 반사경으로서의 메갈리안 논쟁: 남성혐오는 가능한가", 〈한국여성철학〉 24, 2015, 5~79쪽.

5 "'메갈리안'… 여성혐오에 단련된 '무서운 언니들'", 〈시사IN〉 418호, 2015년 9월 19일 (http://www.sisain.co.kr/?mod=news&act=articleView&idxno=24350); "정의의 파수꾼들?", 〈시사IN〉 467호, 2016년 8월 27일 (http://www.sisain.co.kr/?mod=news&act=articleView&idxno=26764).

6 남성혐오는 성립하기 어렵다고 보지만 남성에 대한 모욕적 표현을 편의상 남성혐오라고 칭했다.

7 '미러링 운동'은 과거 여성을 향해 사용되었던 여성혐오를 거꾸로 사용하여 반격하는 것, 즉 거울로 비추듯 남성을 향해 남성을 조롱하는 운동이다. 일각에서는 이것이 남성혐오이며 여성혐오와 똑같이 사회적으로 유해하다고 주장하나, 미러링 운동을 옹호하는 쪽에서는 여성주의의 운동적 전략으로 간주한다.

8 미국 고용기회평등위원회(EEOC) 통계에 따르면 2010년부터 2016년까지 남성이

성희롱 신고를 한 경우가 매년 16퍼센트에서 17퍼센트를 오르내리고 있다.

9 경향신문 특별취재팀이 10~30대 응답자 50여명에게 사회적 혐오의 대상이 되는 단어를 들었을 때 떠오르는 모습, 단어, 행동을 조사하여 많이 나온 답변을 정리한 것이다. "분노와 불안 '왜곡된 투사'…세상이 온통 '색안경'을 썼다", 〈경향신문〉, 2017년 10월 1일 (http://news.khan.co.kr/kh_news/khan_art_view.html?artid=201 710011923005&code=210100#csidxa30b73fc84dd03d89277e0fe319fa50)

3장 혐오표현의 유형

1 아래의 설명은 〈혐오표현 실태조사 및 규제방안 연구〉, 21~27쪽 참조.

2 2017년 대학 교수가 수업 시간에 한 발언이다. "'몸 파는 여자나 지하철서 화장…' 동국대 교수 막말 규탄 대자보", 〈한겨레신문〉, 2017년 6월 21일 (http://www. hani.co.kr/arti/society/society_general/799632.html#csidxec789289270a883aba0d lce442c)

3 2016년 동성애 퀴어축제 반대 시위에서 한 참가자가 들고 있던 피켓의 문구.

4 국가인권위원회, "인터넷상의 인종차별적 표현을 개선하기 위한 의견표명"(2010 년 12월 30일) 중 '붙임 2: 인터넷에서의 인종적 표현 관련 모니터링 내용' 참조.

5 일본 혐한시위대의 시위 문구.

6 차별금지법안(김재연 의원 대표 발의, 2012년 11월 6일) 참조. 다른 차별금지법안들도 유사한 개념 정의를 제시하고 있다. "성별 등을 이유로 신체적 고통을 가하거나 수치심, 모욕감, 두려움 등 정신적 고통을 주는 행위"(김한길 의원 대표 발의, 2013년 2월 12일); "성별, 인종, 피부색, 출신민족, 장애를 이유로 신체적 고통을 가하거나 수치심, 모욕감, 두려움 등 정신적 고통을 주는 행위"(최원식 의원 대표 발의, 2013년 2월 20일).

7 유사한 개념으로 '직장 내 괴롭힘(또는 일터 괴롭힘)'이 있는데, 이것은 직장 내에서 다른 노동자의 인격을 침해하거나 신체적, 정신적 건강을 훼손하는 괴롭힘행위를 뜻한다. 여기에는 차별적 괴롭힘이 포함될 수 있으나, 차별적 속성을 이유로 하지 않는 괴롭힘도 있기 때문에 차별적 괴롭힘과는 구분되어야 한다.

8 한편 미국의 일부 자유주의자들은 직장이나 학교에서의 성희롱, 괴롭힘 등의 표현규제가 표현의 자유를 침해한다고 주장하기도 한다. 이에 대해서는 홍성수, "소송을 통한 사회변동전략의 한계: 미국 성희롱 소송을 중심으로", 〈법과 사회〉 38,

2010 참조.

9 일관성을 위해서는, 해러스먼트를 '희롱'이라고 번역해야 하고 장애, 인종, 성적 지향 등에 의한 괴롭힘을 '장애 희롱', '인종 희롱', '성적 지향 희롱'이라고 불러야 한다. 하지만 문제의 본질을 보다 분명하게 나타내는 번역어는 '괴롭힘'이며, 차별금지법안도 '괴롭힘'이라는 용어를 쓰고 있다.

10 인천지방법원 2009년 11월 27일 판결.

11 마사 너스바움, 《혐오와 수치심: 인간다움을 파괴하는 감정들》, 조계원 옮김, 민음사, 2015, 200~214쪽 이하; 마사 너스바움, 《혐오에서 인류애로: 성적 지향과 헌법》, 강동혁 옮김, 뿌리와이파리, 2016, 51~61쪽 참조.

12 2013년 영국에서 벌금 약 426만 원에 처해지고, 축구장 출입을 금지당한 사건.

13 형법 일부개정법률안(안효대 의원 대표 발의, 2013년 6월 20일).

14 국가인권위원회 "인터넷에서의 인종적 표현 관련 모니터링" 사례 중 일부.

15 〈혐오표현 실태조사 및 규제방안 연구〉, 188쪽. 차별적인 강연에 항의하는 성소수자(지지자)들을 향해 학생들이 "더럽다", "돌로 쳐 죽이고 싶다"라고 말했다는 증언 참조.

16 아티클19가 제시하는 증오선동의 개념에 대해서는 다음을 참조하라(Article 19, "The Camden Principles on Freedom of Expression and Equality", 2009. 4).

모든 국가는 차별, 적대감, 폭력(혐오표현) 등을 선동하는 국가적, 인종적, 종교적 증오에 대한 모든 옹호를 금지하는 법을 제정하여야 한다. 국가 제도에서 명시적으로 또는 권위 있는 해석을 통해 다음 사항을 분명히 하여야 한다.

1. '증오'와 '적대감'이라는 용어는 표적집단에 대한 격앙되고 불합리한 비난, 적의, 혐오의 감정을 말한다.

2. '옹호'라는 용어는 표적집단을 향한 증오를 공개적으로 조장하려는 의도를 요건으로 한다고 이해되어야 한다.

3. '선동'이라는 용어는 국가적, 인종적, 종교적 집단에 대한 표현으로, 그 집단에 속한 사람들에 대하여 차별, 적대감, 폭력을 일으킬 수 있는 임박한 위험을 만드는 것을 말한다.

4. 여러 공동체가 집단정체성에 대해 긍정적인 인식을 고양하는 것은 증오표현에 해당하지 않는다.

17 이주영, "혐오표현에 대한 국제인권법적 고찰", 200쪽.

18 2009년 4월 아티클19가 발표한 "표현의 자유와 평등에 관한 캠던 원칙(The Camden Principles on Freedom of Expression and Equality)." http://www.unhcr. org/refworld/docid/4b5826fd2. 아티클19와 같은 국제인권단체에서도 법으로 금지되는 혐오표현은 증오선동에 한정되어야 한다고 주장한다. 그래야 남용이나 표현의 자유와의 충돌을 피할 수 있다는 것이다. Article 19, *Prohibiting Incitement to Discrimination, Hostility or Violence*, 2012 참조.

19 이주영, "혐오표현에 대한 국제인권법적 고찰", 200~201쪽.

20 패곳은 남성 동성애자를 비하하는 표현임.

21 이명박 대통령 후보 인터뷰, 〈조선일보〉, 2007년 5월 12일.

4장 혐오표현의 해악

1 〈혐오표현 실태조사 및 규제방안 연구〉, 200~201쪽.

2 〈혐오표현 실태조사 및 규제방안 연구〉, 220쪽.

3 존 스튜어트 밀,《자유론》, 서병훈 옮김, 책세상, 2005.

4 이에 대한 개관은 J. F. Dovidio et al., "Prejudice, Stereotyping and Discrimination: Theoretical and Empirical Overview", in J. F. Dovidio et al. (ed), *The Sage Handbook of Prejudice, Stereotyping and Discrimination*, Sage Publications Ltd, 2013, pp. 3~28 참조. 한국에서 성소수자에 대한 혐오표현의 해악을 조사·연구한 것으로는 다음을 참조하라. 한국게이인권운동단체 친구사이, "2014 한국 LGBTI 커뮤니티 사회적 욕구 조사", 2014; 이호림, "소수자 스트레스가 한국 성소수자 (LGBT)의 정신건강에 미치는 영향", 서울대학교 석사학위논문, 2015; 국가인권위원회, "성적 지향·성별정체성에 따른 차별 실태조사", 연구수행기관: 공익인권법재단 공감, 2014년도 연구용역보고서, 2015 등 참조.

5 야스코,《증오하는 입》, 87~97쪽.

6 M. J. Matsuda, "Public Response to Racist Speech: Considering the Victim's Story", *Michigan Law Review* 87(8), 1989, 2332쪽.

7 Matsuda, 위의 글, 2332쪽.

8 Lawrence III, "If He Hollers Let Him Go: Regulating Racist Speech on Campus", 452쪽.

9 이준일, "혐오표현을 법으로 처벌할 수 있을까?",《#혐오_주의》, 알마, 2016,

156~161쪽 참조.

10 이에 대한 논의는 다음을 참조하라. 제러미 월드론, 《혐오표현, 자유는 어떻게 해악이 되는가?》, 홍성수·이소영 옮김, 이후, 2017, 3장.

11 〈혐오표현 실태조사 및 규제방안 연구〉, 205쪽

12 〈혐오표현 실태조사 및 규제방안 연구〉, 196쪽.

13 〈혐오표현 실태조사 및 규제방안 연구〉, 207쪽.

14 월드론, 《혐오표현, 자유는 어떻게 해악이 되는가?》, 15~16쪽.

15 월드론, 《혐오표현, 자유는 어떻게 해악이 되는가?》, 133쪽.

16 월드론, 《혐오표현, 자유는 어떻게 해악이 되는가?》, 15, 16쪽.

17 월드론, 《혐오표현, 자유는 어떻게 해악이 되는가?》, 108쪽.

18 평등과 차별금지가 표현의 자유보다 더 궁극적인 국제인권규범의 목표라는 주장은 다음을 참조하라. S. Farrior, "Molding the Matrix: The Historical and Theoretical Foundations of International Law Concerning Hate Speech", *Berkeley Journal of International Law* 14(1), 1996, pp. 3~6.

19 유엔자유권규약위원회는 자유권규약 19조(표현의 자유)와 20조 2항(혐오표현 금지)의 관계를 "상호 보완적"인 관계, "특별법"으로 해석했고, 인종차별철폐위원회도 인종적 증오에 근거한 상상의 전파를 금지하는 것이 표현의 자유와 양립할 수 있다는 입장을 냈었다. UN Human Rights Committee, General Comments no. 34 Freedoms of Opinion and Expression, 12 September 2011, CCPR/C/GC/34, para. 50~51; Committee on the Elimination of Racial Discrimination, General Recommendation no. 15: Measures to eradicate incitement to or acts of discrimination (Forty-second session, 1993), U.N. Doc. A/48/18 at 114 (1994), para. 4 참조.

20 고든 W. 올포트, 《편견의 심리》, 이원영 옮김, 성원사, 1993, 35~36쪽.

21 G. H. Stanton, "The 8 Stages of Genocide"(http://www.genocidewatch.org/images/8StagesBriefingpaper.pdf).

22 출산율 저하, 건강보험료 인상 등의 사회문제를 성소수자의 탓으로 돌려 희생양을 만드는 문제를 지적하는 나라, "누군가의 삶에 반대한다: 성소수자 운동이 마주한 혐오의 정치세력화", 《여성 혐오가 어쨌다구?: 벌거벗은 말들의 세계》, 235~237쪽.

23 명예훼손이나 모욕의 경우처럼 혐오표현도 형사처벌되어야 한다는 얘기는 아니다.

오히려 개인적으로 명예훼손죄나 모욕죄는 폐지되거나 그 적용이 제한되어야 하며, (뒤에서 자세히 설명하겠지만) 혐오표현금지법의 효용과 정당성에 대해서 회의적인 생각을 갖고 있다. 다만 혐오표현을 이렇게 방치할 수는 없으며, 어떤 식으로든 개입이 필요하다는 점을 지적하려는 것이다.

24 다음 그림을 일부 수정 · 보완했다. Anti-Defamation League, "Pyramid of Hate" (http://www.adl.org/assets/pdf/education-outreach/Pyramid-of-Hate.pdf).

25 경향신문 특별취재팀이 10~30대 응답자 50여명에게 사회적 혐오의 대상이 되는 단어를 들었을 때 떠오르는 모습, 단어, 행동을 조사하여 많이 나온 답변을 정리한 것이다. "분노와 불안 '왜곡된 투사'…세상이 온통 '색안경'을 썼다", 〈경향신문〉, 2017년 10월 1일 (http://news.khan.co.kr/kh_news/khan_art_view.html?artid=201710011923005&code=210100#csidxa30b73fc84dd03d89277e0fe319fa50)

5장 혐오표현과 증오범죄

1 U.S. Department of Justice, 2015 Hate Crime Statistics(https://ucr.fbi.gov/hate-crime/2015).

2 Home Office, Hate crime, England and Wales, 2014 to 2015(https://www.gov.uk/government/statistics/hate-crime-england-and-wales-2014-to-2015).

3 https://www.splcenter.org/hate-map.

4 이런 취지의 법안으로, 특정범죄 가중처벌 등에 관한 법률 일부개정법률안(이종걸 의원 대표 발의, 2013년 11월 20일) 참조.

5 대표적으로 미국의 증오범죄통계법(Hate Crime Statistics Act of 1990)과 한국에서 발의되었던 증오범죄통계법안(이종걸 의원 대표 발의, 2016년 12월 12일) 참조.

6 경향신문 사회부 사건팀,《강남역 10번 출구, 1004개의 포스트잇: 어떤 애도와 싸움의 기록》, 나무연필, 2016. 당시의 메모는 서울시청 지하 1층 시민청과 서울시 여성가족재단으로 옮겨져 보관 중이다.

7 혐오표현과 증오범죄가 서로 연결되어 있음을 지적하는 OSCE/ODIHR, "Preventing and Responding to Hate Crimes: A Resource Guide for NGOs in the OSCE Region", 2009, pp. 17, 53.

6장 혐오표현과 역사부정죄

1 일제 식민지배 옹호행위자 처벌 법률안(이종걸 의원 대표 발의, 2014년 6월 20일).

2 5·18민주화운동 등에 관한 특별법 일부개정법률안(최민희 의원 대표 발의, 2013년 6월 3일); 5·18민주유공자예우에 관한 법률 일부개정법률안(최민희 의원 대표 발의, 2013년 6월 3일), 국가유공자 등 예우에 관한 법률 일부개정법률안(최민희 의원 대표 발의, 2013년 6월 3일); 5·18민주화운동 등에 관한 특별법 일부개정법률안(박지원 의원 대표 발의, 2016년 6월 1일); 5·18민주화운동 등에 관한 특별법 일부개정법률안(김동철 의원 대표 발의, 2016년 6월 14일); 5·18민주화운동 등에 관한 특별법 일부개정법률안(이개호 의원 대표 발의, 2016년 7월 20일).

3 일본 제국주의의 식민통치 및 침략전쟁 등을 부정하는 개인 또는 단체의 처벌 등에 관한 법률안(홍익표 의원 대표 발의, 2014년 8월 14일); 일제강점 하 민족차별 옹호행위자 처벌법안(원희룡 의원 대표 발의, 2005년 8월 12일).

4 반인륜범죄 및 민주화운동을 부인하는 행위의 처벌에 관한 법률안(김동철 의원 대표 발의, 2013년 5월 27일).

5 "5·18 왜곡 지만원도 오스트리아였으면 징역형 받았다", 〈미디어오늘〉, 2013년 5월 22일 (http://www.mediatoday.co.kr/news/articleView.html?idxno=109609)

6 박경신, 《표현·통신의 자유: 이론과 실제》, 논형, 2013, 20~21쪽 참조.

7장 혐오표현과 싸우는 세계

1 International Covenant on Civil and Political Rights. 1966. 이하 국제조약의 번역은 다음을 참조했다. 정인섭 편역, 《국제인권조약집》, 경인문화사, 2008.

2 국제규범상의 근거에 대해서는 다음 자료들을 참조하라. 이주영, "혐오표현에 대한 국제인권법적 고찰"; 김지혜, "차별선동의 규제"; I. Hare, "Extreme Speech under International and Regional Human Rights Standards", in I. Hare and J. Weinstein (ed), *Extreme Speech and Democracy*, OUP, 2010; T. Mendel, "Does International Law Provide for Consistent Rules on Hate Speech", in M. Herz and P. Molnar (ed), *The Content and Context of Hate Speech: Rethinking Regulation and Responses*, Cambridge University Press, 2012.

3 Universal Declaration of Human Rights, 1948. 이에 대한 해석은 다음을 참고하라. 조효제, 《인권을 찾아서》, 한울아카데미, 2011, 109~110쪽.

4 '모든 형태의 인종차별철폐에 관한 국제협약(International Convention on the Elimination of All Forms of Racial Discrimination, 1965)' 제4조. 체약국은 어떤 인종이나 특정 피부색 또는 특정 종족의 기원을 가진 인간의 집단이 우수하다는 관념이나 이론에 근거를 두고 있거나 또는 어떠한 형태로든 인종적 증오와 차별을 정당화하거나 증진시키려고 시도하는 모든 선전과 모든 조직을 규탄하며 또한 체약국은 이 같은 차별을 위한 모든 고무 또는 행위를 근절시키기 위한 즉각적이고 적극적인 조치를 취할 의무를 지며 이 목적을 위하여 세계인권선언에 구현된 제 원칙 및 이 협약 제5조에 명시적으로 언급된 제 권리와 관련하여 특히,

(a) 인종적 우월성이나 증오, 인종차별에 대한 고무에 근거를 둔 모든 관념의 보급 그리고 피부색 또는 종족의 기원이 상이한 인종 또는 인간의 집단에 대한 폭력행위나 폭력행위에 대한 고무를 의법 처벌해야 하는 범죄로 선언하고 또한 재정적 지원을 포함하여 인종주의자의 활동에 대한 어떠한 원조의 제공도 의법 처벌해야 하는 범죄로 선언한다.

(b) 인종차별을 촉진하고 고무하는 조직과 조직적 및 기타 모든 선전활동을 불법으로 선언하고 금지시킨다. 그리고 이러한 조직이나 활동에의 참여를 의법 처벌하는 범죄로 인정한다.

(c) 국가 또는 지방의 공공기관이나 공공단체가 인종차별을 촉진하거나 고무하는 것을 허용하지 아니한다.

5 "International Mechanisms for Promoting Freedom of Expression, Joint Statement on Racism and the Media" by the UN Special Rapporteur on Freedom of Opinion and Expression, the OSCE Representative on Freedom of the Media and the OAS Special Rapporteur on Freedom of Expression, London, 27 February 2001.

6 "Rabat Plan of Action on the prohibition of advocacy of national, racial or religious hatred that constitutes incitement to discrimination, hostility or violence", Conclusions and recommendations emanating from the four regional expert workshops organised by OHCHR, in 2011, and adopted by experts in Rabat, Morocco on 5 October 2012.

7 자세한 것은 〈혐오표현 실태조사 및 규제방안 연구〉, 3장; 이주영, "혐오표현에 대한 국제인권법적 고찰" 참조.

8 특히 숭요한 판시고 다음과 같은 것들이 있다. Council of Europe Committee

of Ministers, Recommendation No. R(97)20 of the Committee of Ministers to Member States on "Hate Speech", 30 October 1997; Council of Europe, Additional Protocol to the Convention on Cybercrime concerning the Criminalisation of Acts of a Racist and Xenophobic Nature Committed through Computer Systems, ETS No. 189, January 28, 2003; Council Framework Decision on Combating Certain Forms and Expressions of Racism and Xenophobia by Means of Criminal Law 2008/913/JHA, 28 November 2008.

9 CEDAW, Concluding Observations on the Seventh Periodic Report of Finland, 10 March 2014, CEDAW/C/FIN/CO/7, paras. 14, 15(c).

10 CPRD, Concluding Observations on the Initial Report of New Zealand, 31 October 2014, CRPD/C/NZL/CO/1, paras. 7~8.

11 HRC, Concluding Observations on Poland, 27 October 2010, CCPR/C/POL/CO/6, para. 8.

12 HRC, Concluding Observations on Republic of Korea, 3 December 2015, CCPR/C/KOR/CO/4, para. 15.

13 Article 19, "Responding to Hate Speech Against LGBTI People (Policy Brief)", 2013, Annex: Domestic Prohibitions of Hate Speech; European Union Agency for Fundamental Rights(FRA), "Hate Speech and Hate Crimes against LGBT Persons"(http://fra.europa.eu/sites/default/files/fra_ uploads/1226-Factsheet-homophobia-hate-speech-crime_EN.pdf) 참조.

14 캐나다 인권법(The Canadian Human Rights Act, 1985).

15 덴마크 형법(Danish Criminal Code, 2005), 226b조.

16 네덜란드 형법(Criminal Code of the Kingdom of Netherlands, 1881, amended 2012), 137c조 1항.

17 영국 공공질서법의 29B 1항은 2006년 인종 및 종교 증오법(Racial and Religious Hatred Act, 2006)과 2008년 형사정의와 이민법(Criminal Justice and Immigration Act, 2008)에 의해 추가된 것이다.

18 Human Rights Act, 1993, 61조 1항.

19 독일 형법(Strafgesetzbuch) 130조 1항, 2항; Detlev, Sternberg-Lieben, in: tlev Sternberg-Lieben, in: Schönke/ Schröder (Hrsg.), *Kommentar zun Strafgesetzbuch*,

29. Auflage, Verlarg, C.H.Beck, 2014. § 130 Rn. 3f 참조: 캐나다의 경우에도 연령, 성별, 성적 지향, 장애 등을 이유로 한 증오선동을 처벌한다.

20 게소(Jean-Claude Gayssot)가 제안한 법으로 일명 '게소법(Loi Gayssot, Gayssot Act)'이 홀로코스트 등 반인도적 범죄의 존재를 부정하는 행위를 처벌한다. 법률의 정식 명칭은 'Loi n° 90-615 du 13 juillet 1990 tendant à réprimer tout acte raciste, antisémite ou xénophobe(모든 인종차별, 반유대인 또는 외국인 혐오행위 처벌에 관한 1990년 7월 13일자 법률)'이다.

21 캐나다 형법(Criminal Code of Canada, 1985) 제318조 1항 제노사이드를 옹호 또는 고무하는 모든 사람은 5년 이하의 징역에 처한다.

제2항 피부색, 인종, 종교, 출신국가 또는 민족, 연령, 성별, 성적 지향 또는 정신적 · 신체적 장애로 식별 가능한 집단의 전체 또는 일부를 말살하려는 의도로, 그 집단의 구성원을 살해하거나 그 집단의 생존 조건에 고의적으로 해를 가하는 행위를 제노사이드라고 한다.

제3항 이 장의 위반에 대하여 법무부 장관의 동의 없이 소송을 제기할 수 없다.

제4항 이 장에서 식별 가능한 집단이란 피부색, 인종, 종교, 출신국가 또는 민족, 연령, 성별, 성적 지향 또는 정신적 · 신체적 장애로 공개적으로 구별될 수 있는 집단을 말한다.

22 재특회에 대해서는 다음을 참고하라. 히구치 나오토, 《재특회와 일본의 극우》, 김영숙 옮김, 제이앤씨, 2016; 고이치, 《거리로 나온 넷우익》; 히구치 나오토, 《폭주하는 일본의 극우주의: 재특회, 왜 재일 코리안을 배척하는가》, 김영숙 옮김, 미래를소유한사람들, 2015; 그 외에 일본 내 혐오표현 문제에 대해서는 야스코, 《증오하는 입》, 1장 참조.

23 이 두 사건에 대해서는 고이치, 《거리로 나온 넷우익》 3장 참조.

24 문연주, "일본의 혐오표현과 규제: 교토지방법원의 '가두선전금지 등 청구사건' 판결 사례를 중심으로", 〈일본연구논총〉 39, 2014, 108~115쪽.

25 번역은 일본 법무성의 영어 번역(가번역문)을 참조했다(http://www.moj.go.jp/content/001199585.pdf).

26 주오사카 대한민국 총영사관 번역본 참조. http://jpn-osaka.mofa.go.kr의 관할 지역 개관. 관할 지역 정세 동향 페이지에 게시되어 있다. 류지성, "최근 일본에서 헤이트 스피치 규제에 관한 연구: 일본 오사카시의 규제조례를 중심으로", 〈법제〉

672, 2016, 26~50쪽, 36~45쪽 참조.

8장 혐오할 자유가 보장된 나라, 미국?

1   R. Post, "Interview with Robert Post", in M. Herz and P. Molnar (ed), *The Content and Context of Hate Speech: Rethinking Regulation and Responses*, Cambridge University Press, 2012, pp. 11~12 참조.

2   Jacobson and Schlink, "Hate Speech and Self-Restraint", pp. 227~232.

3   다만 혐오표현의 금지를 권력관계에 근거하지 않고 교수, 학생, 직원 등 '구성원' 전체에 적용되게 한 경우에는 문제의 양상이 달라진다. 실제로 이런 표현 강령은 미국 연방대법원에서 위헌 판결을 받아 폐지되기도 했고, 실제로 규제 반대론에서는 기업이나 대학의 자율적인 혐오표현금지 정책이 특히 구성원 전체에 적용되는 것에 대해 비판적이다. 현재 미국 대학의 표현 강령 현황에 대해서는 대학생 권리 옹호단체인 FIRE의 보고서("Spotlight: Speech Codes 2015: The State of Free Speech on Our Nation's Campuses", https://www.thefire.org/spotlight-speech-codes-2015) 참조.

9장 혐오표현, 금지와 허용의 이분법을 넘어서

1   S. Bacquet, *Freedom of Expression v. Hate Speech: An Illustration of the Dilemma through an Indepth Analysis of Judicial Approaches in England and France*, VDM Verlarg Dr. Müller, 2011; A. Cortese, *Opposing Hate Speech*, Praeger, 2006, Chapter 1; S. J. Heyman, "Hate Speech, Public Discourse and the First Amendment", in I. Hare and J. Weinstein (ed), *Extreme Speech and Democracy*, OUP, 2010, p. 160.

2   K. Boyle, "Overview of a Dilemma: Censorship versus Racism" in S. Coliver (ed), *Striking Balance: Hate Speech, Freedom of Expression and Non-Discrimination*, Article 19 and the University of Essex, 1992.

3   M. Haraszti, "Foreword: Hate Speech and the Coming Death of the International Standard before it was Born", in M. Herz and P. Molnar (ed), *The Content and Context of Hate Speech: Rethinking Regulation and Responses*, Cambridge University Press, 2012, p. xiii.

4   찬반론은 보통 찬성 · 반대 입장이 선명하게 대립하지만, 혐오표현 규제 찬반론은

그렇게 단순한 구도가 아니다. 어떤 혐오표현인지, 어떤 규제인지에 따라 수많은 논쟁 구도가 가능하다. 예컨대 증오선동에 대한 형사처벌에 찬성하는 사람이 편견 조장형 혐오표현 규제에는 반대하다면 이 사람은 혐오표현 규제 찬성론자인지 반 대론자인지가 애매하다. 그래서 '혐오표현'과 '규제'에 대한 개념을 분명하게 전제 하지 않으면 공허한 논쟁이 되기 십상이다. 본문에서 설명한 찬반 양론은 편의상 설정한 대립으로 이해되어야 한다.

5 M. Rosenfeld, "Hate Speech in Consitutional Jurisprudence", in M. Herz and P. Molnar (ed), *The Content and Context of Hate Speech: Rethinking Regulation and Responses*, Cambridge University Press, 2012, pp. 282~283.

6 Cortese, *Opposing Hate Speech*, pp. 155~156; Lawrence III, "If He Hollers Let Him Go: Regulating Racist Speech on Campus", p. 86; A. Tsesis, "The Empirical Shortcomings of First Amendment Jurisprudence; A Historical Perspective on the Power of Hate Speech", *Santa Clara Law Review* 40, 2000, pp. 765~770; B. Parekh, "Is There a Case for Banning Hate Speech", in M. Herz and P. Molnar (ed), *The Content and Context of Hate Speech: Rethinking Regulation and Responses*, Cambridge University Press, 2012, pp. 48~49.

7 이와 관련해서는 다음과 같은 실증적 연구가 있다. L. B. Nielsen, "Power in Public: Reactions, Responses and Resistance to Offensive Public Speech", in I. Maitra and M. K. McGowan (ed), *Speech & Harm: Controversies over Free Speech*, OUP, 2012, pp. 148~173 참조.

8 Y. L. Mengistu, "Shielding Marginalized Groups from Verbal Assaults", in M. Herz and P. Molnar (ed), *The Content and Context of Hate Speech: Rethinking Regulation and Responses*, Cambridge University Press, 2012, pp. 356~359; 김현경 · 박보람 · 박승환, "성소수자에 대한 혐오표현, 그 옹호의 논리를 넘어서: 표현의 자유론 비판 과 시민권의 재구성", 〈공익과 인권〉 12, 2012, 235~238쪽.

9 같은 취지로 혐오표현이 '승인권'을 파괴한다고 지적하는 사람도 있다. Heyman, "Hate Speech, Public Discourse and the First Amendment", pp. 166~169, 177.

10 R. Post, "Hate Speech", in I. Hare and J. Weinstein (ed), *Extreme Speech and Democracy*, OUP, 2010, pp. 134~135.

11 K. Mahoney, "Pressure Valves and Bloodied Chickens: An Assessment of Four

Paternalistic Arguments for Resisting Hate-speech Regulation", in A. Lederer and R. Delgado (ed), *The Price We Pay: The Case against Racist Speech, Hate Propaganda, and Pornography*, Hilland Wang, 1995, pp. 294~295.

12 C. E. Baker, "Hate Speech", in M. Herz and P. Molnar (ed), *The Content and Context of Hate Speech: Rethinking Regulation and Responses*, Cambridge University Press, 2012, pp. 73~74; C. E. Baker, "Autonomy and Hate Speech", in I. Hare and J. Weinstein (ed), *Extreme Speech and Democracy*, OUP, 2010, p. 152.

13 Matsuda, "Public Response to Racist Speech", pp. 49~50.

14 같은 의견으로는 이주영, "혐오표현에 대한 국제인권법적 고찰", 211쪽 참조.

15 *Whitney v. California*, 274 U.S. 357, 377 (1927) (Brandeis, J. and Holmes, J., concurring).

16 이재승,《국가범죄》, 앨피, 2010, 579쪽.

17 ACLU, "Speech on Campus" (https://www.aclu-nh.org/en/news/hate-speech-campus.)

18 Strossen, "Hate Speech and Pornography", p. 462 이하 참조.

19 밀,《자유론》, 42쪽.

20 존 밀턴,《아레오파기티카: 언론자유의 경전》, 전면개정판, 박상익 옮김, 인간사랑, 2016, 149쪽.

21 헌재 1992.11.12. 89헌마88.

22 K. Gelber, *Speaking Back: The Free Speech versus Hate Speech Debate*, John Benjamins Publishing Company, 2002, pp. 10, 89; K. Gelber, "Hate Speech and the Australian Legal and Political Landscape", K. Gelber and A. Stone (ed), *Hate Speech and Freedom of Speech in Australia*, The Federation Press, 2007, p. 16; K. Gelber, "'Speaking Back': The Likely Fate of Hate Speech Policy in the United States and Australia", in I. Maitra and M. K. Mcgowan (ed), *Speech and Harm: Controversies Over Free Speech*, OUP, 2012, pp. 53~56.

23 반면 규제 반대론자들은 국가와 법이 '형식적 자율성'만을 보호해야 한다고 주장한다. Baker, "Hate Speech", pp. 63~67.

24 Mengistu, "Shielding Marginalized Groups from Verbal Assaults", pp. 356~359.

25 K. Gelber, "Reconceptualizing Conterspeech in Hate Speech Policy", in M. Herz and P. Molnar (ed), *The Content and Context of Hate Speech: Rethinking Regulation and Responses*, Cambridge University Press, 2012, pp. 208~209.

26 O. Fiss, *The Irony of Free Speech*, Harvard University Press, 1996, p. 17.; D. A. J. Richards, *Free Speech and the Politics of Identity*, OUP, 1999. 리처드는 표현의 자유가 '정체성의 정치'를 실현하는 핵심이며, 차별이라는 '구조적 부정의'에 맞서 싸울 가장 원칙적이고 강력한 해법임을 주장한다.

27 Richards, *Free Speech and the Politics of Identity*, 4장; Gelber, *Speaking Back*, 3장 참조.

28 M. Herz and P. Molnar, "Introduction", in M. Herz and P. Molnar (ed), *The Content and Context of Hate Speech: Rethinking Regulation and Responses*, Cambridge University Press, 2012, p. 4; Joint Submission by the Special Rapporteur on Freedom of Opinion and Expression, the Special Rapporteur on Freedom of Religion or Belief, and the Special Rapporteur on Racism, Racial Discrimination, Xenophobia and Related Intolerance, "Expert Workshop on the Prohibition of National, Racial or Religious Hatred", Vienna, 9~10 February 2011, p. 15.

29 같은 취지의 주장으로 Cortese, *Opposing Hate Speech*, pp. 156~159 참조.

30 Baker, "Hate Speech", pp. 73, 75; Baker, "Autonomy and Hate Speech", p. 151; S. Braum, *Democracy Off Balance: Freedom of Expression and Hate Propaganda Law in Canada*, University of Toronto Press, 2004, chapter 9; A. Harel, "Hate Speech and Comprehensive Forms of Life", in M. Herz and P. Molnar (ed), *The Content and Context of Hate Speech: Rethinking Regulation and Responses*, Cambridge University Press, 2012, pp. 322~324. 규제 반대론에서는 대학 등에서의 혐오표현 규제에 대해서도 같은 입장을 취한다. 대표적으로 N. Strossen, "Regulating Racist Speech on Campus: A Modest Proposal", *Duke Law Journal*, 1990, p. 562 참조.

31 올포트, 《편견의 심리》, 30장; 로버트 J. 스턴버그 · 카린 스턴버그, 《우리는 어쩌다 적이 되었을까?》, 김정희 옮김, 21세기북스, 2010, 338~389쪽 참조.

10장 '혐오표현 범죄화'의 명암

1 패그(Fag)는 동성애자를 비하하는 표현인 '패곳'의 줄임말이다.

2 C. Stewart, *Contemporary Legal Issues: Homosexuality and the Law: A Dictionary*, ABC-CLIO 2001,

3 S. Sorial, "Hate Speech and Distorted Communication: Rethinking the Limits of Incitement", *Law and Philosophy* 34, 2015, pp. 300~301.

4 다음 글은 혐오가 '움직이는 대상(moving target)'이며, 혐오표현에 대한 법규제는 결국 '땜빵식 규제'가 될 수밖에 없다는 점을 지적한다. S. Braum, *Democracy Off Balance: Freedom of Expression and Hate Propaganda Law in Canada*, University of Toronto Press, 2004, pp. 165~169.

5 이것은 법(소송)을 통한 사회 변동의 한계이기도 하다. 홍성수, "소송을 통한 사회 변동전략의 한계", 218~220쪽; 홍성수, "9장 법과 사회변동", 김명숙 외, 《법사회학: 법과 사회의 대화》, 다산출판사, 2013 참조.

6 다음 글에서 이러한 지적을 찾아볼 수 있다. J. Weinstein, *Hate Speech, Pornography, and Radical Attacks on Free Speech Doctrine*, Westview Press, 1999, pp. 155~156; Baker, "Autonomy and Hate Speech", pp. 150~151, 153; Baker, "Hate Speech", p. 75.

7 예컨대 혐오표현에 대해 침묵하는 집권보수 세력, 엘리트, 시민사회의 책임을 지적하는 "도 넘은 혐오 발언, 한국 사회 '독버섯' 위험"(양대웅, 신진욱 코멘트), 〈경향신문〉, 2015년 1월 3일(http://news.khan.co.kr/kh_news/khan_art_view. html?artid=201501031430561) 참조.

8 에티오피아와 르완다에서 혐오표현 규제가 정치적 반대파를 탄압하는 데 남용되었다는 사례연구는 다음을 참조하라. Mengistu, "Shielding Marginalized Groups from Verbal Assaults", pp. 370~374. 국제엠네스티의 러시아, 우즈베키스탄, 인도네시아의 남용 사례는 다음을 참조하라. Amnesty International, "Freedom Limited: The Right to Freedom of Expression in the Russian Federation", EUR 46/008/2008; "Uzbek Journalist Must be Released: Ulugbek Abdusalamov", UA: 144/10 Index: EUR 58/006/2010; "Indonesia: Atheist Imprisonment a Setback for Freedom of Expression", ASA 21/021/2012.

9 비슷한 취지에서 표현의 자유의 단계를 권위주의, 자유주의, 포스트자유주의로 나누고, (표현의 자유를 억압하는) '권위주의'에서 바로 (평화, 인권을 위해 표현의 자유를 제한하는) '포스트자유주의'로 이행한 한국의 위험한 현실이 지적되기도 한다. 이재승, "선동죄의 기원과 본질", 〈민주법학〉 57, 2015, 154~157쪽 참조.

10 이런 맥락에서 명예훼손죄와 모욕죄는 폐지해야 하고 혐오표현금지법은 도입해야

한다는 주장에 주목해볼 필요가 있다. 박경신,《표현 · 통신의 자유》, 4장 참조.

11 세계인권선언, 자유권규약 등 국제규범에 혐오표현금지 조항 삽입을 주도한 국가들이 주로 전체주의 국가들이었다는 점은 시사하는 바가 크다. 이 점에 대해서는 다음을 참조하라. Coleman, *Censored: How European "Hate Speech" Laws are Threatening Freedom of Speech*, Kairos Publications, 2012, p. 15.

12 이러한 고민이 시작된 최초의 의미 있는 성과에 대해서는 다음을 참조하라. S. Coliver (ed), *Striking a Balance: Hate Speech, Freedom of Expression and Non-discrimination*, Article 19 and Human Rights Centre, University of Essex, 1992. 한국 문헌들도 비슷한 문제의식을 피력하고 있다. 김지혜, "차별선동의 규제", 68~73쪽; 이준일, "혐오표현과 차별적 표현에 대한 규제의 필요성과 방식", 79~80쪽; 김민정, "일베식 '욕'의 법적 규제에 대하여: 온라인상에서의 혐오표현에 대한 개념적 고찰", 〈언론과 법〉 13(2), 2014, 157~158쪽 등 참조.

13 Article 19, "Prohibiting Incitement to Discrimination, Hostility or Violence (Policy Brief)", 2012, pp. 29~40.

14 비슷한 취지에서 '세계관선동'과 '행위선동'을 구분하는 견해도 있다. 이재승, "선동죄의 기원과 본질", 〈민주법학〉 57, 2015, 152~153쪽 참조. 세계관선동이 어떤 태도나 사고체계를 갖도록 선동하는 것이라면 행위선동은 특정한 행위를 하도록 선동하는 것을 뜻한다. 혐오표현을 차별표현, 혐오표현, 증오선동, 테러리즘선동, 제노사이드선동 등으로 구분하는 주장도 있다. N. Ghanea, "The Concept of Racist Hate Speech and its Evolution over time", Paper presented at the United Nations Committee on the Elimination of Racial Discrimination's day of thematic discussion on Racist Hate Speech 81st session, 28 August 2012, Geneva, p. 5.

15 *Brandenburg v. Ohio*, 395 U.S. 444, 447 (1969).

16 S. G. Gey, "The Brandenburg Paradigm and Other First Amendments", *Journal of Constitutional Law*, 12(4), 2010, p. 983; 이부하, "미국 헌법상 명백하고 현존하는 위험 원칙", 〈헌법학연구〉 12(2), 2006, 198~199쪽.

17 사실 자유권규약 제정 당시에도 초안은 '폭력선동'에만 적용되도록 되어 있었다. 폭력선동만 규율 대상으로 삼아야 한다는 의견으로는 다음을 참조하라. P. B. Coleman, *Censored*, pp. 75~80; Mendel, "Does International Law Provide for Consistent Rules on Hate Speech", p. 428; P. Molnar, "Responding to Hate Speech

with Art, Education, and the Imminent Danger Test", in M. Herz and P. Molnar (ed), *The Content and Context of Hate Speech: Rethinking Regulation and Responses*, Cambridge University Press, 2012, pp. 193~196.

18 Molnar, "Responding to Hate Speech with Art, Education, and the Imminent Danger Test", pp. 193~196.

19 이준일, "혐오표현과 차별적 표현에 대한 규제의 필요성과 방식", 79~80쪽 참조.

20 이준일, "혐오표현을 법으로 처벌할 수 있을까?", 172~185쪽 참조.

21 Bacquet, *Freedom of Expression v. Hate Speech*, pp. 41~42.

22 "독일서 난민·이슬람 혐오 극우 범죄 급증", 〈연합뉴스〉, 2017년 7월 2일 (http://www. yonhapnews.co.kr/bulletin/2017/06/30/0200000000A KR20170630197500009.HTML?input=1195m)

23 영국, 독일, 프랑스의 혐오표현 처벌 사례와 함께 혐오표현 처벌 건수가 혐오표현 금지법의 '효과'를 가늠하는 척도가 되기는 어렵지만 최소한 혐오표현 처벌이 매우 심각한 사례에만 적용되었다는 사실을 보여준다는 지적이 있다. E. Bleich, *The Freedom to be Racist: The Freedom to Be Racist?: How the United States and Europe Struggle to Preserve Freedom and Combat Racism*, OUP, 2011, pp. 142~143 참조. 반면, 영국의 (인종)혐오표현 규제에 대한 비판(표현의 자유 축소, 차별금지 효과 없음, 남용 등)이 과장되었다는 반론도 있다. P. N. S. Rumney, "The British Experience of Racist Hate Speech Regulation: A Lesson for First Amendment Absolutists?", *Common Law World Review* 117, 2003, p. 136.

24 캐나다에서는 법무부 장관의 허가가 있어야 기소할 수 있다. 중요한 사건만 기소하려는 취지로 이해된다.

25 물론 형사처벌로 어떤 범죄가 '근절'되는 것은 아니다. 일례로, 살인, 강도, 절도를 처벌하지만 이들 범죄가 근절된 것은 아니다. 하지만 사법 당국은 이들 범죄를 철저하게 단속하기 위해 노력하며, 잠재적 범죄자들도 단속을 두려워한다. 형사범죄화로 이들 범죄가 근절되진 않아도 범죄가 증가하지 않는 요인이 될 수는 있다. 반면, 혐오표현금지법이 금지하는 혐오표현에 대해서는 그런 단속 시도를 사실상 포기한다는 점에서 차이가 있다. 모든 금지법에는 상징적인 기능이 있지만 혐오표현 금지법은 상징적 기능이 주된 기능이라는 얘기다.

26 Parekh, "Is There a Case for Banning Hate Speech", p. 46; A. Tsesis, *Destructive*

Messages: How Hate Speech Paves the Way for Harmful Social Movements, New York University Press, 2002, p. 196; K. Gelber, *Speech Matters: Getting Free Speech Right*, OUP, 2011, pp. 101~102; M. Jones, "Empowering Victims of Racial Hatred by Outlawing Spirit-Murder", *Australian Journal of Human Rights* 19, 1994, p. 10; D. O. Brink, "Millian Principles, Freedom of Expression, and Hate Speech", *Legal Theory* 7(2), 2001, pp. 154~155.

27 Jones, "Empowering Victims of Racial Hatred by Outlawing Spirit-Murder", p. 10.

28 Brink, "Millian Principles, Freedom of Expression, and Hate Speech", p. 155.

29 올포트, 《편견의 심리》, 29장 참조.

30 너스바움, 《혐오에서 인류애로》, 287~288쪽.

31 Jones, "Empowering Victims of Racial Hatred by Outlawing Spirit-Murder", p. 10; Brink, "Millian Principles, Freedom of Expression, and Hate Speech", p. 154.

32 박해영, "혐오표현(Hate Speech)에 관한 헌법적 고찰", 〈공법학연구〉 16(3), 2015, 162쪽.

33 오히려 상징 형법은 법치국가 원칙과 충돌하기도 한다. 빈프리트 하쎄머, 《형법정책》, 배종대·이상돈 옮김, 세창출판사, 1998, '[13] 상징적인 형법과 법익보호' 참조.

34 Weinstein, *Hate Speech, Pornography, And Radical Attacks on Free Speech Doctrine*, pp. 185~186.

35 하지메, 《노 헤이트 스피치》, 132~133쪽. 이 책은 형사범죄화에 대해 부정적인 입장을 피력하면서 차별금지기본법에 벌칙 조항이 없는 금지 규정을 둘 것을 제안한다. 그리고 나중에 실제로 일본의 헤이트 스피치 해소법은 벌칙 조항이 없는 선언적 법률로 제정되었다.

11장 혐오표현 해결, 하나의 방법은 없다

1 여기서 혐오표현 규제에 관하여 일반적으로 금지와 허용을 논하는 것이 얼마나 허망한 일인지를 알 수 있다. 구체적인 규제 영역과 구체적인 규제 방법을 전제하지 않고 혐오표현의 규제 문제를 논하는 것은 공허한 일이다.

2 이 사건은 나중에 유럽인권재판소에 제소되었다. 이들은 동성애를 혐오해서가 아니라 스웨덴 학교에서 동성애에 대한 객관성이 결여된 논의를 하고 있어서 논쟁을

촉발하기 위해 전단지를 뿌린 것이었다고 주장하며 유럽인권재판소에 제소했다. 하지만 유럽인권재판소는 처벌이 정당하다는 판결을 내렸다(Vejdeland and others v. Sweden, 2012).

3 Council of Europe, Additional Protocol to the Convention on Cybercrime concerning the Criminalisation of Acts of a Racist and Xenophobic Nature Committed through Computer Systems, ETS No. 189, 28 January 2003.

4 이주영, "혐오표현에 대한 국제인권법적 고찰", 199~201쪽. 이를 '차별선동 (incitement to discrimination)'이라고 부르는 견해도 있지만(김지혜, "차별선동의 규제", 40~43쪽), 차별, 적의, 폭력에 대한 선동이라는 의미를 온전히 담으려면 '증오선동(incitement to hatred)'이 더 적절해 보인다.

5 좀 더 자세하게 '의도 없는 차별', '의식적 차별', '차별적 증오의 선동', '차별적 폭력의 선동' 등으로 구분하기도 한다. Cortese, Opposing Hate Speech, pp. 8~9.

6 "KBS 이사 '동성애자 무리는 더러운 좌파'", 〈경향신문〉, 2015년 10월 8일 (http:// news.khan.co.kr/kh_news/khan_art_view.html?artid=201510081719041&code=940100)

7 경우에 따라 모욕죄나 명예훼손죄로 형사처벌도 가능하다.

8 좀 더 효과적인 구제를 위해서는 입증책임의 전환, 시민단체의 소송제기권 부여, 반론권 부여 등의 제도 개선책이 적절하게 보완되어야 한다는 제안도 있다. Article 19, "Prohibiting Incitement to Discrimination, Hostility or Violence (Policy Brief)", 2012, pp. 41~42; Council Directive 2000/43/EC of 29 June 2000 implementing the principle of equal treatment between persons irrespective of racial or ethnic origin, Article 8.

9 민사 규제와 차별 구제(비사법적 구제)의 장단점에 대한 비교는 다음을 참조하라. 인권법교재발간위원회, 《인권법》, 아카넷, 2006, '3부 인권의 구제' 참조.

10 이러한 국가인권기구(차별시정기구)의 장점을 (1)접근성과 신속성 (2)독립성 (3)인권의 관점에 근거한 구제 (4)설득적, 협력적 인권 구제 (5)근본적 문제 해결 방법의 제시 등으로 설명하기도 한다. 홍성수, "국가인권위원회 조사·구제기능에 대한 평가와 과제: 출범 이후 10년간의 통계를 중심으로", 〈법학연구〉 34, 전북대학교 법학연구소, 2011, 82~86쪽 참조.

11 홍성수, "국가인권위원회 조사·구제기능에 대한 평가와 과제", 84쪽; 홍성수, "법

에 의한 인권 보호의 한계와 국가인권기구의 존립 근거: '정규 국가기구'로서의 인 권위의 기능과 위상", 〈고려법학〉 58, 2010, 164~171쪽; 이준일, "혐오표현과 차별 적 표현에 대한 규제의 필요성과 방식", 83~84쪽 참조.

12 UN Special Rapporteur on Freedom of Expression, Report on Hate Speech and Incitement to Hatred, 7 Sep. 2012, 1/67/357. para. 57에서는 이를 "비법적 조치 (non-legal measures)"라고 부르지만 국가가 이러한 조치를 취하려면 법적 근거가 필요하다는 점에서 적절한 표현인지는 의문이다. 금지, 처벌과 대비하여 "자기 침 해가 덜한 방법(less self-intrusive ways)"이라는 표현이 형성적 조치를 뜻하는 말로 사용되기도 한다. Braum, *Democracy Off Balance*, p. 216.

13 UN Special Rapporteur on Freedom of Expression, Report on Hate Speech and Incitement to Hatred, 1/67/357. para. 56~74; Article 19, "Responding to Hate Speech Against LGBTI People (Policy Brief)", 2013, pp. 21~24.

14 이것을 '형성적 규제'에 포함시킨 것은 '규제'라는 개념에 법규제는 물론이고 대상 에 영향을 미치는 모든 요소(문화, 사회규범 등)가 포함된다는 점을 전제로 한 것이 다. 홍성수, "규제학: 개념, 역사, 전망", 〈안암법학〉 26, 2008, 3~4쪽 참조.

15 1990년대 이후 대학 내의 반성폭력 정책에 대해서는 홍성수, "대학 내 반성폭력 정 책의 과제와 전망: '작은 것들의 정치'를 중심으로", 〈성평등연구(가톨릭대)〉 15집, 2011, 29~53쪽 참조.

16 서울대학교 학부 및 대학원 총학생회가 인권가이드라인 초안을 제정하여 본부 및 교직원과의 협의를 제안했으나 2016년 10월 서울대학교 본부의 시흥캠퍼스 추진 에 반발하는 학부생들의 본부 점거로 인해 논의가 중단된 상태다.

17 이것은 미국의 듀퐁(DuPon)사에서 성희롱 사건이 발생했을 때 직원들이 자율적, 비공식적 대응 방안을 모색하기 위한 교육 프로그램을 진행했던 사례를 참조했다. 혐오표현 대응에도 똑같은 방식이 적용될 수 있을 것이다. A. Marshall, *Confronting Sexual Harassment: the Law and Politics of Everyday Life*, Ashgate Publishing Company, 2005, p. 169.

18 〈표현의 자유와 책임: 만화가가 조심해야 할 혐오표현〉(http://blog.naver.com/ sisacartoon/220768852212).

19 American Civil Liberties Union, "Hate Speech on Campus" (https://www.aclu. org/hate-speech-campus).

20 유럽이 "국가주도형 대응 모델"이라면 미국은 시민사회의 자율적인 노력에 기대를 거는 모델에 해당한다고 한다. A. Jacobson and B. Schlink, "Hate Speech and Self-Restraint", in M. Herz and P. Molnar (ed), *The Content and Context of Hate Speech: Rethinking Regulation and Responses*, Cambridge University Press, 2012, p. 239.

21 미국 대학의 사례에 대해서는 다음을 참조하라. T. C. Shiell, *Campus Hate Speech on Trial*, University Press of Kansas, 2nd ed, 2009; J. B. Gould, *Speak No Evil: The Triumph of Hate Speech Regulation*, The University of Chicago Press, 2005; M. Heumann and T. W. Curch, *Hate Speech on Campus: Cases, Case Studies, and Commentary*, Northeastern University Press, 1997; 조소영, "규제의 필요성과 규제 방법론에 대한 헌법적 평가: 대학 내에서의 적의적 표현행위에 대한 규제학칙을 중심으로", 〈헌법판례연구〉 6, 2004, 91~111쪽 참조.

22 "Rabat Plan of Action on the prohibition of advocacy of national, racial or religious hatred that constitutes incitement to discrimination, hostility or violence", para. 24~29; Amnesty International, "Written Contribution to the Thematic Discussion on Racist Hate Speech and Freedom of Opinion and Expression Organized by the United Nations Committee on Elimination of Racial Discrimination", 28 August 2012, pp. 8~9; 이주영, "혐오표현에 대한 국제인권법적 고찰", 212~213쪽; 이준일, "혐오표현을 법으로 처벌할 수 있을까?", 186~187쪽 등 참조.

12장 혐오표현 규제, 무엇을 어떻게 할 것인가

1 다만, 미국의 일부 자유주의자는 이러한 괴롭힘, 특히 환경형 괴롭힘에 대한 규제 정책이 표현의 자유와 충돌한다고 주장한다.

2 개선방안에 대해서는 〈인터넷에서의 혐오표현(Hate Speech) 규제개선방안 연구〉, 방송통신심의위원회 심의 정책 연구개발 사업 보고서, 연구책임자: 조소영, 2016, 135~138쪽, 146쪽 참조.

3 온라인 공간에 대한 자율 규제와 공동 규제에 대해서는 〈인터넷에서의 혐오표현 (Hate Speech) 규제개선방안 연구〉, 114~120쪽 참조.

4 이 행동 강령에 대한 해설로는 이정념, "2016년 유럽연합의 〈불법 온라인 혐오 발언에 대응하기 위한 행동 기준(Code of Conduct on Countering Illegal Hate

Speech Online)〉이 지니는 법적 의미와 쟁점 검토", 〈법과사회〉 53, 2016 참조.

5 같은 취지의 주장은 다음을 참조하라. 코타니 준코, "일본의 증오표현(헤이트 스 피치) 규제에 대한 고찰", 이승현 옮김, 〈연세 공공거버넌스와 법〉 6(1), 2015, 106~107쪽.

6 K. Gelber and L. McNamara, "The Effects of Civil Hate Speech Law: Lessons from Australia", *Law & Society Review* 49(3), 2015, pp. 631~664; Gelber, "Hate Speech and the Australian Legal and Political Landscape", 2007. 반면 2012년 캐나다는 인 권법 13조의 '혐오 메시지(hate messages)' 조항을 논란 끝에 폐지했다. 차별금지 법에 의한 규율도 금지, 처벌의 기제에 기반하고 있는 한, 남용의 소지가 없는 것은 아니다. 남용을 막기 위한 하나의 방법으로, 호주의 인종차별금지법(1975)에서는 예술, 학술, 과학적 목적이나 공공 이익의 문제에 대해서는 적용을 배제하는 규정 (18D)을 두고 있다.

7 형법 일부개정법률안(안효대 의원 대표 발의, 2013년 6월 20일).

8 다만, 5·18광주민주화운동에 대한 부정은 특정 지역에 대한 '차별'과 연결될 소지 가 있다. 그런 취지에서 친일이나 민주화운동에 관한 역사부정죄의 입법은 정당성 이 없지만 5·18민주화운동에 대한 부정은 호남인 차별이라는 관점에서 형사범죄 화될 수 있다는 주장이 제기된다. 김재윤, "5·18민주화운동 부인에 대한 형법적 규제 방안", 〈법학논총〉 35(2), 전남대학교 법학연구소, 2015, 244쪽 참조.

9 공직선거법 일부개정법률안(진영 의원 대표 발의, 2015년 6월 9일).

13장 혐오표현, 정치의 역할

1 하지메, 《노 헤이트 스피치》, 77~94쪽.

2 연설 전문 번역은 http://www.huffingtonpost.kr/2017/01/09/story_n_14047084. html?utm_id=naver 참조.

3 예컨대 2015년 6월 17일 새정치연합 정책위원회는 '혐오발언 제재를 위한 입법 토 론회'를 주최했다. 다만 종북 세력이나 좌빨 세력을 혐오표현의 표적집단인 소수자 로 간주하기 위해서는 차별의 역사, 차별의 현실 등이 좀 더 세밀하게 논증되어야 할 것이다.

4 동영상: https://youtu.be/qtxU9iOx348, 전문: file:///C:/Users/dubiu/Desktop/ Video%20message%20by%20the%20Secretary-General.pdf.

5 메갈리아는 나중에 워마드 등 다른 미러링 사이트로 발전해나갔지만, 여기서는 메갈리아에 대한 분석에 한정한다.

6 버즈피드에서 만든 동영상 참조(https://youtu.be/HmPVDFU7mpM).

7 유민석의 페이스북(https://www.facebook.com/dreamsnail)의 2016년 11월 16일 포스팅을 참조하여 재구성한 것이다. 인용을 허락해준 유민석 선생님께 감사드린다.

8 예컨대 이현재,《여성혐오 그 후, 우리가 만난 비체들》, 69~73쪽.

9 메갈리아의 미러링을 대항표현으로 간주할 수 있음을 다양한 사례로 보여주는 유민석,《메갈리아의 반란》; 유민석, "혐오발언에 기생하기: 메갈리아의 반란적인 발화",〈여/성이론〉 33, 2015년 겨울호 참조.

10 정희진, "메갈리아는 일베에 조직적으로 대응한 유일한 당사자",〈한겨레신문〉, 2016년 7월 31일 (http://www.hani.co.kr/arti/society/women/754513.html#csidx5 8c809e38e0e04ebab8e1882b63ea84)

11 손희정, "이제 '메갈-이후'를 봐야 할 때",〈르몽드 디프롤마티크〉 97호, 2016년 9월 30일 (http://www.ilemonde.com/news/articleView.html?idxno=6413)

12 김홍미리, "눈앞에 나타난 '메갈리아의 딸들'", 일다, 2015년 6월 11일 (http://www.ildaro.com/sub_read.html?uid=7122)

13 권김현영, "메갈리아의 거울에 비춘 세상",〈르몽드 디프롤마티크〉 97호, 2016년 9월 30일 (http://www.ilemonde.com/news/articleView.html?idxno=6414)

14장 혐오표현, 대항표현으로 맞서라

1 일본의 카운터 운동에 대해서는 하지메의《노 헤이트 스피치》와 이일하의《카운터스》 참조.

2 하지메,《노 헤이트 스피치》, 51~52쪽.

3 하지메,《노 헤이트 스피치》, 46쪽.

4 당사자에 의한 혐오표현 대응 사례로는 "힘이 세지는 혐오 대응법…'노!' 라고 말하세요. 이제부터 달라집니다",〈경향신문〉, 2017년 10월 23일(http://news.khan.co.kr/kh_news/khan_art_view.html?artid=201710221839001&code=210100#csidx ca465c642a109feb13ce38486a8a481) 참조.

5 메갈리아의 미러링을 버틀러 이론의 응용 사례로 보기도 한다. 유민석,《메갈리아의 반란》; 유민석, "혐오발언에 기생하기: 메갈리아의 반란적인 발화",〈여/성이론〉

33, 2015년 겨울호 참조.

6 메갈리아를 '포스트 여성 주체'의 등장으로 이해하기도 한다. 류진희, "그들이 유일하게 이해하는 말, 메갈리아 미러링", 정희진 편, 《양성평등에 반대한다》, 교양인, 2017; 메갈리아의 유산이 다양한 온라인 여성운동으로 귀결되었음에 주목하는 학자도 있다. 윤보라, "메갈리아의 '거울'이 비추는 몇 가지 질문들", 윤보라 외, 《그럼에도 페미니즘》, 은행나무, 2017 참조.

7 주디스 버틀러, 《혐오발언: 너와 나를 격분시키는 말 그리고 수행성의 정치학》, 유민석 옮김, 알렙, 2016, 35~37쪽, 138쪽.

8 그런 점에서 버틀러는 국가가 발화 주체를 벌하는 혐오표현 범죄화에 부정적이다. 혐오표현의 해악이 불분명한 상황에서 국가에 처벌 권한을 부여하는 것이 오히려 보통 사람들의 권리와 권력을 축소시킬 수 있음을 경계하는 것이다. 버틀러, 《혐오발언》, 94~95쪽; 임옥희, 《주디스 버틀러 읽기》, 여이연, 2006, 170쪽, 240~241쪽; K. Zivi, "Rights and the Politics of Performativity," T. Carver and S. A. Chambers (eds), *Judith Butler's Precarious Politics: Critical Encounters*, Routledge, 2008, pp. 158~165.

9 추지현, "대항발화(Counter-Speech)의 가능성과 제약 요인", 〈혐오표현에 대응하는 법 토론회 자료집〉, 형사정책연구원 주최, 청년문화공간JU동교동, 2017년 10월 16일, 37~40쪽 참조.

에필로그

1 데틀레프 포이케르트, 《나치 시대의 일상사: 순응, 저항, 인종주의》, 김학이 옮김, 개마고원, 2003.

2 올포트, 《편견의 심리》, 14장 참조.

3 이하의 내용은 다음 기사 참조. "고립주의 외치던 트럼프 '고립'…인종주의 옹호에 '우군'도 등 돌려", 〈머니투데이〉, 2017년 8월 17일(http://news.mt.co.kr/mtview.php ?no=2017081710094028094&outlink=1&ref=http%3A%2F%2Fsearch.naver.com).

4 이런 가정은 불가능한 미래가 아니다. 호모포비아 발언을 서슴지 않았던 홍준표 후보가 대선에서 24퍼센트 득표로 2등을 차지하고, 제1야당인 자유한국당 대표 선거에서 65.7퍼센트 득표로 당선되었다.

5 너스바움, 《혐오에서 인류애로》, 28~29쪽, 2장 참조.

말이 칼이 될 때

초판 1쇄 발행 2018년 1월 5일
초판 17쇄 발행 2024년 5월 20일

지은이 홍성수
발행인 김형보
편집 최윤경, 강태영, 임재희, 홍민기, 강민영, 송현주
마케팅 이연실, 이다영, 송신아 **디자인** 송은비 **경영지원** 최윤영

발행처 어크로스출판그룹(주)
출판신고 2018년 12월 20일 제 2018-000339호
주소 서울시 마포구 동교로 109-6
전화 070-5080-4113(편집) 070-8724-5877(영업) **팩스** 02-6085-7676
이메일 across@acrossbook.com **홈페이지** www.acrossbook.com

ⓒ 홍성수 2018

ISBN 979-11-6056-036-7 03300

만든 사람들
편집 강태영 **교정** 윤정숙 **디자인** 김아가다 **조판** 성인기획